KB152787

그리스도인을 위한 NT요가

하남출판사

그리스도인을 위한 *NT* 요가

이의영 지음

하남출판사

필자가 요가를 처음 접한 것은 약 20여 년 전 건강전문출판사를 경영 시 원고 섭외 차 광화문에 위치한 인도문화원을 찾게 되면서부터 시작된다. 당시 인도문화원장은 인도에 출장 중이었고 때마침 문화원에 출강 나온 히말라야 명상센터 원장을 만난 인연으로 요가를 접하게 되었다. 그 무렵 단학연정학회 봉우 선생님의 단학기초수련을 마친 후였기 때문에 필자는 나름대로 요가명상을 쉽게 받아들일 수 있었다. 그로부터 현재 요가원을 운영하게 된 지금까지도 과학적이고 철학적인 요가의 축복으로 살아가고 있다.

몇 해 전 필자는 뉴질랜드에서 뜻밖의 굉장한 경험을 하게 된다.

전 국민의 80%가 기독교 문화권인 나라에서 인도 정신문화에 바탕을 둔 요가를 하고 있는 것 아닌가. 그것도 교회 안에서 말이다. 필자의 판단력이나 그동안 그들을 지켜본 관점으로는 도저히 이해할 수가 없는 상황이었다. 평소 기독적 영성과 정신, 그들에게 요가와 같은 영적 전통이 어떻게 서구 사회에 뿌리 내렸는지에 대해 지대한 관심이 있었기 때문에 요가 세미나를 끝까지 참석하게 되었다. 세미나에 참석한 그들은 일제히 육체는 존재를 통합하는 신의 선물이자 도구이며, 현대 서양 문화권에서는 이미 예전부터 육체에 대한 관심이 높았음을 강조하였다. 성직자에서부터 평신도까지 다수의 그리스도인들이 오늘날, 신이 인간의 몸으로 오셨다는 그리스도적 신념을 실천하며 살아가고 있다.

삶을 더욱 열정적이고 충실하게 하기위해 요가에 빠져든 그들은 단순히 맹목적으로 따라 하는 것이 아닌 요가를 그저 몸과 정신을 절제시키고 하나님과 하나되기 위한 영성의 성장 목적으로 실천하고 있었다. 즉 요가라는 몸의 행위를 통해 건전한 그들만의 육체적인 의식으로 승화시키고 있었다.

그들의 이러한 신념은 인간의 몸이 그리스도가 우리에게 주신 소중한 은총이라는 점을 강조한다. 육체로 표현되는 즉 몸으로 행해지는 기도의식이라 할 수 있는 요가와 그리스도적 입장은 지금까지도 수많은 의견이 분분하다. 하지만 그리스도가 우리에게 신이 인간을 사랑함을 보이는 방법으로서, 성령이 그의 어린 육체 그 자체를 보여주고 나눠 주신 것처럼 우리는 육체가 바로 신성한 몸의 성전이라고 말할 수 있을 것이다.

그리스도적 몸과 정신은 우리들을 하나로 통합하여 우리의 존재 속에 신이 살아 계심을 보여준다. 사실 필자는 그때의 뉴질랜드 교회의 방문을 통해 초월적인 하나님 존재의 실제성의 믿음과 내 자신 안의 개념으로서의 하나님(神) 사이의 경계를 좁힐 수 있었다.

그 후 당시 외국에 유학중인 큰자식이 교회에서 찬양예배를 리더하면서 교회 부흥에 전념하고 있다는 소식과 한국에서 온 목사님의 안수기도로 썩은 이빨이 4개나 금으로 봉해져 치유되었다는, 믿기 어려운 소식을 자식으로부터 듣게 되었다. 그러나 그것이 사실이고 혼자만이 아니고 자리를 함께한 몇몇이 같은 은혜를 받았다는 것에 당사자인 자식은 물론이고 교인들과 가족 모두는 흥분하며 놀라지 않을 수가 없었다.

그 뒤로 예수님은 늘 내 안에 거 하신 것을 느끼며 살고 있다. 현재 요가원 원장으로서 요가보급을 통해 체험하고 느낀 것, 그리고 20여 년간 수집해온 관련 자료를 바탕으로 책을 출간해 나가기로 결정하였다. 요가를 강의하면서 외국뿐만 아니라 국내에서도 각 단체 및 대학생 연맹 영성세미나를 참석할 기회도 있었다. 하지만 늘 필자가 느끼는 애석한 점은 그리스도인들의 의식의 전환이었다. 사실 인도의 전통사상에 근원을 둔 요가를 국내의 그리스도인들에게 소개하는 것은 매우 위험한 모험이자 발상일 수도 있다. 하지만 '난 교회에 나가지만 요가는 운동으로 그냥 할뿐이야.' 라고 뒷걸음질 치며 말하는 사람들을 위해 필자는 더욱더 그들에게 제대로 정립된 정확한 요가의 중요성과 필요성을 언젠가는 소개하고 싶었다. 필자는 뉴질랜드에서 경험했던 서구인들의 깊은 직관력과 통찰력을 바탕으로 오늘날 그리스도교인들에게 좀 더 친근하게 다가갈 수 있는 요가의 과학적인 생리학과 영적인 실천을 본서를 통해 강조하고 싶다.

본서는 요가를 오랫동안 해온 사람이나 초보자 모두를 염두에 둔 안내서이다. 그리스도인들이라면 한번쯤은 조심스럽게 혹은 매우 기다렸음에 반갑게 이 책을 펼쳐보리라 생각한다. 그동안 자신의 영적인 실천에 육체적인 몸다스리기를 감히 접목시키지 못했던 그리스도인들은 그리스도적인 여정에 몸과 마음을 하나로 통합시키는 도구로서 본서가 매우 유용하다는 것을 깨닫게 될 것이다. 아울러 본서를 통해 신의 마음과 사랑에서 더욱 성장하는 건강한 그리스도인으로 거듭나길 바란다.

2006. 9
仁山 이 의 영

(사)한국요가협회 회장 **이 정 훈**

요즘 전국적으로 확산되고 있는 요가 붐은 우리의 정신문화를 한층 더 높은 수준으로 이끌어 주고 있다고 보며, 열기가 잠재워지고 정화의 과정을 거치면서 전 세계에 한류열풍을 타고 새롭게 조명되어질 것이다.

자연건강요법의 정수라 할 수 있는 5,000년 역사를 이어온 〈요가〉는 우리 인류가 살아오면서 자연 속에서 창조해 낸 크나큰 성과가 아닐 수 없다. 이러한 요가가 영적인 참살이의 근원으로 점점 인기가 높아짐에도 불구하고 그리스도인들의 거부감은 매우 아쉽고 애석할 따름이다. 삶의 질을 떨어뜨리는 고정관념을 내려놓고 몸으로 기도하는 훈련을 통해 신을 경배하고 찬양하는 요가수행적인 헌신의 자세를 모든 그리스도인이 진정으로 찾아내주기를 요가와 더불어 살아온 수행자의 한 사람으로써 바라는 마음 간절하다.

대부분의 사람들은 요가를 신체적인 균형과 건강을 되찾기 위한 수단으로만 이해하고 있는데 그것은 빙산의 일부분만 보고 있을 뿐 그 깊이 담겨있는 큰 에너지는 보지 못한 것이다. 그 역할을 담당하고 우리 정신문화를 이끌어야 할 전국의 요가 지도자들은 그 책임이 크다고 할 수 있다.

요가의 건강한 삶을 위한 다섯 가지 원리를 요약해보면 적절한 몸짓, 적절한 숨쉬기, 적절한 휴식, 적절한 식사 그리고 긍정적인 사고와 명상을 들 수 있다.

적절한 몸짓(아사나)은 혈액과 림프계의 순환을 증가시키고 내분비계를 자극시키며, 적절한 숨쉬기는 폐의 작은 부분만을 이용하는 흉식호흡 보다는 완전히 폐를 활용하는 깊고 정기적인 숨쉬기를 포함하는 횡격막호흡을 한다. 적절한 휴식은 깊게 잠재하고 있는 신체적, 정신적인 긴장을 몸에서 내보내 주면서 몸과 마음을 모두 쉬게 하며, 적절한 식사는 적정한 영양과 건강을 제공해 준다. 자연과 하나가 된 절제된 식사, 신체를 흥분이나 자극시키지 않는 식사가 일관적이고 안정된 마음가짐을 돕는다.

또한 긍정적인 생각과 명상은 모든 일을 성공시키는 데 있어서 도움을 준다. 요가의 핵심이기도한 명상은 요가의 가장 중요한 과정이며, 동시에 요가의 궁극적인 목적이기도 하다.

본서 〈그리스도인을 위한 NT요가〉는 요가와 기도하는 삶이 하나로 결합되기를 원하는 이들 뿐만 아니라 노약자, 초보자, 각종 질병에 있는 환자들, 혹은 몸이 유연하지 않은 이들을 위한 건강요가이다. 또한 그리스도인들의 건강한 삶을 위해 집필된 국내 최초의 요가 안내서이다. 이로써 본서를 읽는 모든 독자 여러분들은 종교의 벽을 넘어 건강한 삶을 함께 공유하여 나눔의 장을 열어나가는 큰 회합의 의미와 축복의 은혜로움으로 받아들여야 할 것이다.

본서의 필자인 이의영님은 『요가저널』 발행인이자 본 협회 이사로 협회운영에 참여하고 있지만 10여 년간 건강관련 출판문화사업에 몸을 담아 오며 수행과 더불어 요가관련 서적출판을 여러 권 펴낸 분으로 이번에 직접 펴내는 책은 그리스도인은 물론 요가인들에게 많은 도움을 주리라 믿는다. 또한 신학적이고 성경적인 배경을 바탕으로 요가를 재해석했다는 점에서 매우 독특한 아이디어와 기법을 칭찬하고 싶다. 본서가 세계 여러 나라로 번역되어 세계적인 건강길잡이가 될 수 있기를 희망한다.

CONTENTS

4장. NT요가의 실천

5장. 이완과 명상기도

건강과 평안한 마음

이 소망을 이루기 위해 먼 옛날부터
종교와 과학, 철학이 다양한 노력을 기울여 왔다.

요가는 이들 학문과 사상이 가지고 있는 가장 뛰어난 부분을 모두 수용하고 있어서
"건강과 평안한 마음"이라는 인류의 염원을 이루는데 절대적인 효과가 있다.

실제로 체험해보면 알겠지만 요가의 효과란 놀랄만한 신체의 변화를 가져다준다.

당신은 넘치는 활력과 편안하고 안정된 마음으로
매일의 생활을 영위할 수 있을 것이다.

당신 자신 스스로 그렇게 느낄 뿐만 아니라
주위 사람들도 육체와 정신이 멋지게 균형을 이루고 있는
당신에게 주목하게 될 것이다. 그러한 자신의 변화가 있기까지는
복잡한 지식도 필요 없고 어려운 도구도 필요하지 않으며,

특별한 장소도 필요 없다. 다만 육체를 향상시키고 싶다는 당신의 의욕,
이 책을 잘 읽고 활용해보시기 바란다.

아무 생각 없이 페이지만 넘겨서는 안 된다.

만약 잘 이용한다면 이 책은 분명 당신의 생활을 컨트롤하고 유도하는
기술과 활력을 줄 하나의 도구가 될 것임에 틀림없다.

잠들어 있는 자신의 정신력을 되살리고 싶다는 당신의 의지,
즉 당신 자신만 있으면 그것으로 충분한 것이다.

1장. 그리스도인과 하타요가

1장. 그리스도인과 요가

너희가 하나님의 성전인 것과 하나님의 성령이 너희 안에

거하시는 것을...하나님의 성전은 거룩하니 너희도 그러하니라.

(고린도전서 3:16~17)

그리스도적 신념

요가는 역사적으로 여러 종교 간의 경계를 허무는 에큐메니컬(Ecumenical : 교회일치운동)의 전통을 이어왔다. 또한 가장 특징적인 것은 신학적 또는 철학적인 전통에 얽매이지 않는다는 것이다.

성직자에서부터 평신도까지 다수의 그리스도인들이 오늘날, 신이 인간의 몸으로 오셨다는 그리스도 신념을 실천하며 자신의 삶을 더 충실하게 사는 방법의 하나로 요가에 빠져들고 있는 것이 선진국의 현실이다.

이러한 신념은 인간의 몸이란 그리스도가 우리에게 주신 소중한 은총이라는 점을 강조한다. 그렇지만 현실은 불행하게도 다양한 역사적인 이유로 영적으로 존재를 형성함에 있어 육체에 대한 체계적이고, 긍정적인 관심이 쏟아진 적은 없었다.

현대 서양 문화권에서는 육체에 대한 관심이 매우 높다. 그와 관련한 서적에서부터 영상물, 각 나라마다 행해지고 있는 영성그룹을 포함해 나날이 그 영역이 커지고 있다. 이는 수천 년 동안의 육체에 대한 특별한 영적·과학적인 지혜를 조심스럽게 받아들이고 있음이 분명하다.

어떤 특정한 실천을 그리스도적으로 만드는 것은 그 실천이 어디에 뿌리를 두고 있느냐가 아니라 의지에 있다. 만약 우리가 의도적으로 특정한 육체적인 실천이 그리스도를 깊이 알 수 있는 길로 안내하는 것이라고 간주하면, 바로 그것이 그리스도적인 것이다. 만약 성경을 읽는 일과 같이 영적인 실천을 하더라도 우리의 의지가 없다면, 이것은 진정한 의미에서 그리스도적인 일이라고 할 수 없다.

기도란 무엇인가?

기도는 우리가 하는 말 그 이상이다.

또한 우리가 신 앞에서 생각을 바치는 것이다. 침묵하되 매우 집중하여 신의 응답을 기다리는 것이다. 기도는 신에 응답하면서 매순간이 의미로 가득 찬 삶을 사는 것이다. 이러한 모든 방법으로 우리는 하나님과의 관계에서 성장하기를 기원하면서 하나님께 응답하는 것이다.

만약 일정 기간 동안을 정해서 기도하려고 작정하였다. 그러나 몸이 부단히 움직이고 불편하여 방해를 받은 적이 있는가? 바로 이럴 때 〈그리스도인을 위한 NT요가〉를 하고 이완을 하면 집중에 도움이 된다. 그리고 요가는 몸과 마음을 안정되게 하여 깊은 내면의 기도에 몰입하도록 해준다.

이렇듯 호흡에 주의를 기울이면 정신적인 집중력이 강해져서 평온한 상태에 이르게 된다. 잡념을 버리고 하나님이 계신 곳에 그저 조용히 앉고 싶다고 기원해본 적이 있는가?

하나님이 계시다는 것을 일상생활에서도 항시 기억하고 있는가? 아마 가장 좋은 방법은 그리스도의 일원으로서 자기 자신에 대해 다시 생각해보는 것이다.

팔, 다리, 상체, 그리고 머리와 같은 몸의 각 부분들이 한곳에 모여서 내 자신의 몸과 정신을 인식하라는 것이다. 이러한 시도야 말로 예배의식의 하나이며 우리 자신이 살아있음을 인지하는 첫걸음이 된다.

항상 노력하는 기도 준비와 기도로 충만한 생활은 그리스도인의 기본자세이다. 이와 더불어 몸으로 행하는 기도 즉 그리스도적인 내면적 요가의 단련은 그 자체가 예배의식, 기도가 된다. 몸의 움직임과 자세에 관심을 기울이는 것은 아마쉬에서 아담을 만드신 그 분, 창조주에게 감사를 드리는 행위가 된다.

우리가 살고 움직이고 우리 자신이 될 때 전적으로 의지하는 하나님을 신뢰하고 있다는 점을 몸으로 표현한 것이 바로 이완이다. 집중적인 호흡은 삶에서 몸으로 명상을 하는 것이다. 우리를 창조하신 하나님과 다른 이들과 함께 나눈 삶에 응답함에 따라 본서가 당신의 기도를 풍성하게 하고, 생명의 샘과 같은 성령이 가득 차서 이 세상을 사는 다른 이들과 하나님과 하나 되기를 기도한다.

몸으로 하는 기도

요가는 자신의 경험을 통해 의식적이든 무의식적이든 간에 인간이라면 누구나 염원하는 세상, 즉 신과 소통할 수 있는 세상을 갖게 하며, 몸이 이러한 모험에 든든한 동지라는 것을 체험하게 한다. 그러나 그리스도적 영성을 다룬 기존의 문헌에서는 실제 기도를 하는 것에 대해서 알려주는 바가 적다.

자신의 몸과 정신이 하나가 되고 있음을 감각의 느낌에 따라, 주위를 둘러싼 세계에 대한 인식도 변한다. 진정으로 내면의 자아가 성스러운 것이라는 것을 이해한다면, 매일 지나치면서 도심의 길가에서 보는 걸인이나 다른 나라에 있지만 뉴스 매체를 통해 접하게 되는 빈곤층이나 박해받는 사람들과 같은, 다른 이들의 내면의 자아도 무시하기 어려울 것이다.

신의 신성한 천지창조를 충분히 이해한다면, 우리들 대부분이 낭비하면서 헛되이 보내는 시간들조차도 그냥 지나치기 어려울 것이다. 본서가 요가(Yoga) 혹은 자연으로의 회귀 등을 일깨우며, 지구에 대한 인간의 책임의식을 전환하는데 큰 계기가 되었으면 한다. 우리는 우리가 살고 있는 지구와 이 지구에서 살고 있는 타인들과 밀접하게 연결되어 있기 때문이다.

이러한 요가의 세심함을 통해 우리 안의 환경을 탐색해 나가고, 지구를 공유하는 이 세상 사람들과 우리의 보금자리인 지구는 항시 하나여야 한다. 호흡하는 방법을 올바르게 배움에 따라, 우리의 생명을 의존하고 있는 대기를 보전하는 방법을 찾아야 한다.

육체적이고 정신적인 긴장을 푸는 법을 배워감에 따라, 세상 사람들을 나누고 있는 폭력, 불의, 빈곤의 긴장을 풀기 위해 기도하고 일하는 법을 익혀야 한다. 그 변화는 반드시 우리들 한 사람, 한 사람의 일상생활에서 시작되어야 한다.

본서는 인간의 몸과 정신의 일치를 다시 배워감에 따라 우리 자신을 그리스도 안에서 하나님이 주신 혼연일체성과 성스러움으로 인도하는 구체적인 방법을 소개하고 있다. 본서에 소개된 모든 동작기법들은 모두 고대 인도의 전통에서 전해 내려온 〈하타요가〉에 기반을 두고 있다. 여기에 우리는 그리스도인들의 맥락과 신념으로 요가를 행하는 것이다.

'요가(yoga)'라는 말은 산스크리트어 yuj에서 왔는데, 이것은 합일(合一) 즉 결합과 조화를 뜻한다. '동행하다' 혹은 '함께 하다'라는 의미이다. 인도 사람들은 요가의 다양한 단련을 통해 몸과 마음, 인간과 신성, 자신과 세계를 이어주는 데 도움을 받으며 살아간다. 이러한 요가의 수행에는 **헌신**(박티요가), **지식**(즈나나요가), **행동**(카르마요가), 그리고 **요가의 왕**(라자요가)이라고 불리는 내적인 집중이 있다.

하타요가는 자세, 호흡 기법, 집중하는 연습이나 명상으로 이루어져 있다. 하타라는 말은 원래 '태양'을 의미하는 ha와 '달'을 의미하는 tha, 이 두 단어가 결합된 것이다. 태양은 에너지의 소모나 표현을 뜻하고, 달은 에너지를 얻거나 비축해 두는 것을 의미한다. 하타요가의 실행을 통해 이러한 단련들을 하나로 결합하는 것은 태양과 달의 우주적 리듬을 하나로 모으는 것과 같이 균형을 이룬다.

인간의 몸이 종교에 따라 다른 것이 아니기 때문에, 인도정신에 기원을 둔 수행법이 다른 종교적인 맥락에서도 쉽게 잘 통합될 수 있다는 점이 그다지 놀라운 일은 아니다. 앞에서 제시하였듯이, 육신이 된 그리스도의 근본적인 교리 안에서 몸 다스리기를 한다면, 자연적으로 일치하게 된다. 또한 하타요가의 기본적인 접근 방법은 몸이 할 수 있는 것을 인식하고 존중하는 것이므로, 전 세계에서 이루어지고 있는 각종 몸을 통한 행위예술과 체력 단련의 형태에서 동일한 운동이나 자세를 많이 발견해도 그리 놀라운 일은 아니다. 바로 몸에 대한 존중 때문에 다양한 연령대와 운동 능력에 따라 유연하게 적용할 수 있으므로, 요가는 오락으로써도 적절하게 활용될 수 있다.

영어에서 '건강'과 '성스러움'은 두 단어 모두 앵글로 색슨어 hal에서 나왔다. 하타요가는 우리가 기도와 몸을 하나로 만들고 몸과 기도를 일치시키는 것과 같이, 자신의 몸에 대해 잘 알게 하고 건강을 유지하는데 도움이 되는 명상을 강조하기 때문에, 성령과 관련하여 집중력을 강화시키는 방법이 되기도 한다.

그리스도와 몸-정신(BodySpirit)

본서에 제시된 인간의 몸을 이해하는 방법의 근거는 '*여호와 하나님이 흙(아다마)으로 사람(아담)을 지으시고 생기를 그 코에 불어 넣으시니 사람이 생령이 된지라.*(창세기 2:7)'라는 이 구절을 통해 가장 잘 전달될 수 있을 것이다.

이 짧은 이야기에서 히브리어의 재치가 드러난다. 우리 모두가 남자이건 여자이건 간에 아담 즉 인간이라는 것을 잘 말해주고 있다. 우리 모두는 아담으로, 본래 흙과 흙의 탄생과 성장의 리듬, 삶과 죽음에 단단히 묶여 있다. 우리 모두가 아담으로 흙의 야수, 새, 물고기, 식물, 나무 안에서 춤추고 있는 것과 똑같은 원자가 우리 몸 안에서도 춤추고 있다는 점이다.

그러나 우리에게는 신의 선물이 있는데, 이 선물은 인간이라고 불리는 우리들이 소중하다는 것과 인간의 삶의 숨결이 곧 신의 선물이라는 것을 인지할 수 있는 점이다. 우리는 이 선물이 단순히 물리적으로 숨을 쉰다는 것을 넘어서, 어떤 의미에서는 신비스러운 방식으로 우리 삶에 내재해 있다는 것을 알아야 한다.

죽음이란 글자 그대로 죽음에 이르러 숨을 거두게 되는 바로 그 선물의 근원인 신에게 돌아감을 의미한다. 물리적인 소멸을 넘어, 활기가 좀 더 넘치는 새로운 삶이 존재하게 된다.

초기 히브리 창조 신화는 과학이 아니라 신학이다. 인간의 조건을 우리가 경험한 대로 기술한 것을 보면서, 우리들 대부분은 아마도 이것이 진정 진실이라는 것에 동의할지 모른다. 인간 개인은 정신에 의해 생명이 주어진 육신이며, 이 둘 즉 육신과 정신 모두가 신의 선물이라는 점이다. 히브리 성경에서, 인간의 생명은 육신과 정신이 합쳐서 고유한 하나가 된 것으로 이해되는데, 히브리어로 '네페쉬'라고 한다. 영어에서 가장 가까운 의미의 단어를 찾는다면 두 단어를 붙여 쓰는 'bodyspirit'(몸-정신) 정도가 될 것이다.

분열과 단편화된 세상을 사는 우리는 언제나 하나가 되는 것을 염원한다. 어린 아이가 맘껏 노는 것을 관찰하거나, 여름밤에 별이 빛나는 하늘을 올려 보거나, 심금을 울리는 음악을 들을 때, 아니면 그저 지난 시절에 대해 읽을 때, 우리는 어떤 향수를 느낀다. 그때마다 우리는 무엇을 염원하는 것일까?

히브리의 창조 신화에 따르면 우리는 인류가 태초에 통합되어 있었던 그 상태를 염원한다고 한다. 인류의 역사상 초창기를 의미한다. 그것은 마치 인간이 자신의 어린 시절을 어렴풋이 기억하는 것과도 같다. 그러나 우리가 창세기에 나오는 장들을 계속 읽으면서 바로 그 극적인 대죄 이야기에 이르면, 어린 시절로 되돌아가는 것은 불가능하다는 것을 상기하게 된다. 우리는 어쨌든지 간에 선 뿐만이 아니라 악을 택할 수 있는 의식과 능력도 부여 받은 것이다. 바로 이러한 자유가 우리를 끊임없이 두 개로 갈라놓는다. 우리는 인류의 역사상으로나 인류의 일원인 개인으로서의 연대기로나 다시는 어린 시절로 되돌아 갈 수 없다.

그러나 긍정적인 면도 있다. 되돌아가는 방법, 아니 앞으로 나가는 방법이라고 해야 더 정확할지 모르겠다. 하지만 이 방법은 우리의 노력을 통해서 가능한 것은 아니다. 육신으로 오신 하나님은 인간이 완전한 하나로 돌아갈 수 있는 길을 보여주신다. 앞으로 나오는 내용은 원래 그리스어로 전해 오지만, 여기서는 창조 신화의 은유를 계속 사용하기 위해 히브리어 아담을 사용했다.

'첫 번째 아담은 흙에서 온, 흙의 아담이다. 두 번째 아담은 하늘에서 왔다. 우리가 흙의 아담의 형상을 그려 볼 수 있듯이 하늘에서 온 아담의 형상도 그릴 수 있다.'

(고린도전서 15:47~49)

공교롭게도 그 방법은 예수 그리스도의 육신, 즉 두 번째 아담을 통해서 가능하다.

육신이 되는 것은 단지 신학적인 개념이 아니라, 추상적인 개념이다. 육체화의 기원은 라틴어 carn-에서 왔으며 그 뜻은 '육체' 라는 의미이다. 즉 하나님이 육체가 되었다는 것을 의미한다. 완전한 하나로 돌아가는 방법은 인간에 대한 사랑에서 사람의 몸이 되신 하나님, 즉 예수 그리스도이다. 예수 그리스도는 아담의 기쁨과 약점을 알고 있었고, 이 땅에서 인간으로 살다가 돌아가셨다.

시인인 사무엘 크로스만은 이렇게 읊었다.

나의 노래는 알려지지 않은 사랑,
나에 대한 나의 구세주 사랑,
사랑하지 않는 이에게 보여준 사랑,

그들은 사랑스러울지도 모르지

오, 내가 대체 누구 이길래 나를 위하여

주님은 덧없는 육신을 거두고, 돌아가셔야만 했을까?

자신의 몸에 바로 하나님을 모신 예수 그리스도는 우리 인간도 똑같이 하라고 상기시켜 주신다. 우리의 육신은 삶과 기도를 통해 하나님을 항상 모시고 다니라고 보내주신 도구이다. 이 점은 아빌라의 성녀 테레사의 기도에 잘 드러나 있다.

그리스도 육신은 지금 이 땅에 없지만, 당신의 육신은 있습니다.

손은 없지만, 당신의 손은 있습니다.

발은 없지만, 당신의 발은 있습니다.

당신의 눈을 통해 그리스도는 세상을 연민으로 바라보십니다.

당신의 발로 선한 일을 하시며 세상을 돌아다니십니다.

그리고 당신의 손으로 바로 지금 우리에게 축복을 내리십니다.

우리는 우리의 몸 안에 하나님의 생명을 지니고 있다. 이것이야말로 신이 주신 선물이고 책임이다. 우리는 하나님의 사랑을 우리의 몸과 정신을 통해 어떻게 표현할 수 있는가? 현실에 존재하는 물리적인 우리 자신과 우리 안에 있는 하나님의 정신 사이에는 어떤 관련이 있는 것일까? 수세기를 통해 그리스도인은 이러한 문제 제기에 대해 고심해왔다.

사도 바울도 일례로, 젊은 제자들에게 몸과 정신의 일치라는 의미를 이해시키는 데 어려움을 겪었다. 고린도의 그리스도인들은 너무나도 정신에 대한 깨달음에 경도되어, 그들의 육신이 무엇인지, 극도의 성적 자유주의와 음식과 술에 지나치게 탐닉하는 것에 대해 별로 큰 의미를 부여하지 않았으므로, 심지어는 주님께 바치는 만찬도 흥청망청 이었다. '안돼!' 사도 바울은 말했다.

육신은 주님을 의미하며, 주님이 바로 육신이다. 정신은 육신에서 자유로울 수 없지만, 신 앞에 우리가 하는 모든 것, 우리의 일, 우리의 경배를 통해 살아야 하는 책임감을 가지고 육신을 사용하는데 도움을 준다.

게다가 우리의 몸은 성스러운 장소로 '예배당' 이다. 만약 사도 바울이 지금 살아 있다면, 몸을 '교회' 라고 부를지 모른다.

너희 몸으로 하나님께 영광을 돌리는 것이 몸과 정신이 하나 됨이 드러나는 삶에서 결실로 나타난다. 또한 우리를 더 좋은 몸으로 연결시켜 준다. 육신으로 오신 주님의 사랑과 지식으로 성장함에 따라, 동떨어진 인간이 아니라 그리스도의 몸이요, 지체의 각 부분(고린도전서 12:27)이라는 점을 더 인식하게 된다. 우리의 몸은 사도 바울의 말처럼, '그리스도의 일원' 이다.(고린도전서 6:15)

우리는 그리스도 안에서 인류 전체와 연결되어 있다. 그리하여 우리는 그리스도와 연결된다. 분열된 인류가 새로이 하나가 되도록 숨을 불어 넣는 것은 그리스도로, 바로 창세기 신화에서 아담으로서 자신과 창조자로서 일치를 이루게 된다.

'너희 몸은 너희가 하나님께로부터 받은바 너희 가운데 계신 성령의 전인 줄을 알지 못하느냐 너희는 너희의 것이 아니라 값으로 산 것이 되었으니 그런즉 너희 몸으로 하나님께 영광을 돌리라.' (고린도전서 6:19~20)

그리스도인의 일상

　　자신의 몸과 정신이 하나가 되고 있음을 감각의 느낌을 따라 가다보면 내 주위를 둘러싼 세계에 대한 인식도 변한다. 진정으로 육체적인 자아가 성스러운 것임을 이해한다면, 매일 지나치는 도심의 길가에서 보는 걸인이나, 각종 뉴스 매체를 통해 접하게 되는 세계 여러 나라의 빈곤층이나 박해받는 사람들의 육체적인 자아도 무시하기 어려울 것이다.

　신의 창조에 대한 신성함을 충분히 이해한다면, 우리들 대부분이 몸-정신을 의식하지 못한 채 살고 있음을 알게 된다. 조화를 바탕으로 한 결합(요가)이 지구에 대한 우리의 책임의식까지 바꾸는 계기가 되었으면 한다.

　누구나 사람은 지구 안에 살고 있는 모든 생명체들과 밀접하게 연결되어 있다. 단지 생을 살아가며 객체로 떨어져 살고 있을 뿐 인것을 인지한다. 요가의 세심함을 통해 우리 안의 진정한 자아와 육체의 감각을 일깨워 자신 본연의 자세와 위치를 발견하여 항상 외부세계, 즉 세상과 만나고 공유하여 자연의 일부분임을 자각하여야 한다. 호흡하는 방법을 올바르게 배움에 따라, 우리의 생명을 의존하고 있는 대기를 보전하는 방법을 찾아야 한다. 육체적이고 정신적인 긴장해소법을 배워감에 따라, 세상 사람들과 소통하고 폭력, 불의, 빈곤의 긴장을 풀기위해 기도하고 일하는 법을 익혀야 한다.

　그 변화는 반드시 우리들 한 사람, 한 사람의 일상생활에서 시작되어야 한다. 이렇듯 기도와 육체적인 삶을 연결하는 요가는 일상생활에서 몸-정신이 하나가 되게 한다. 이러한 내용을 구체적으로 설명하기 위해, 회사에 출퇴근하는 평범한 직장인의 하루를 그 예로 일상생활의 매순간들을 살펴보고자 한다.

아침에 눈을 뜨자마자 새로운 하루를 호흡으로 맞이하고, 호흡하는 공기에 대한 감사기도를 드린다. 몸에서 스트레칭하고 싶은 부위를 찾아내서 기지개를 펴며 침대 밖으로 나온다. 가능한 아침식사 전인 이 시간이 요가와 명상을 하는 데 가장 적합한 시간이 될 것이다. 어떤 경우이든지, 하루를 새로 시작하는 자신만의 운동을 몇 가지 골라서 하고 나서, 최소한 몇 초 정도 신에게 바치는 침묵의 순간을 할애한다.

집과 일터를 오가는 통근시간을 최대한 활용한다. 걸음을 걸을 때도, 체중이 한 쪽 발에서 다른 발로 옮겨지고 있다는 사실을 느껴보자. 기차, 버스 혹은 지하철에 앉아 있다면, 그 시간을 호흡에 집중하거나 명상의 시간으로 활용하자.

대중교통을 타기 위해 서서 기다리고 있다면, 자세를 똑바로 해보자. 척추가 하늘을 향해 뻗어나가고 있다고 생각한 다음 부드럽게 들이마시고 내쉬면서 호흡을 한다. 운전을 하는 경우라면 스트레스와 얕고 빠른 호흡의 원인이 되는 교통신호나 교통체증에 걸리면, 특히 복식호흡을 해본다.

출근길은 늘 시간에 대해 조급하지 않도록 준비하여 여유를 갖도록 한다. 주위에 러시아워(rush hour)로 혼잡해도 귀찮다고 생각하지 말고 시간을 여유 있게 생각하는 것이 가장 이상적이다. 이른 아침에는 텔레비전 뉴스, 신문, 혹은 출근길에 발생하는 여러 가지 주의를 분산시키는 광경이 거리에서 펼쳐지더라도 그런 부산스러운 일에 우리가 밀접하게 연결되어 있다는 것만 인식하자. 다만 주님 앞에서 필요한 때를 위해 마음을 비운다.

회사에 출근해서도 일을 시작하기 전에 그 날의 계획표를 살펴보면서 주님 앞에 모든 일을 하나씩 차례로 생각해 본다. 일을 시작하는 순간이나 새로운 작업에 착수할 때, 바로 그 순간의 작업에만 주의를 집중하도록 심호흡을 한다.

낮 동안 우리의 몸이 '성령의 전당'이라는 사실을 반드시 염두에 두고 몸이 원하는 것을 따르도록 한다. 책상이나 컴퓨터에서 오래 일을 하면, 아마 근육이 스트레스에 의해 피로하다는 신호를 보내올 것이다. 이러한 신호에 세심하게 신경을 써서 일정한 시간마다 일어나서 잠시지만 몸을 휴식하게 한다.

〈목이완〉〈어깨이완〉 동작은 특히 목과 어깨의 긴장을 푸는데 효과적이다. 또한 발목을 돌리고 팔과 다리를 자연스럽게 스트레칭하면 오랜 시간 앉아있는 것에서 오는 경직됨과 피로감을 경감시키는데 도움이 될 것이다. 〈전굴자세〉는 엉덩이 관절의 긴장을 푸는 데 도움이 된다.

함께 일하는 동료의 요구 또한 존중해야 한다. 그들도 하나 밖에 없는 신의 창조물이다. 모든 사람은 다르다는 이 점이 흥미롭지만, 종종 그들로 하여금 회사 내에서 갈등의 불씨가 되기도 한다. 스트레스가 많은 상황이 발생하면, 신으로부터 받은 선물인 호흡을 기억해라. 호흡을 의식하면서 긴장을 내쉬면 숨을 고르게 안정시키면, 심리적으로 진정하고 스트레스가 많은 상황에서도 균형을 유지하는데 도움이 된다.

일상생활에서는 항상 요가를 하면서 배운 '시간에 얽매이지 않음'을 기억하도록 한다. 어떤 일이라도 늑장을 부리라는 의미가 아니다. 방금 마친 일이나 앞으로 해야 할 일에 대해 걱정을 한편에 밀어두고, 차근차근 하나씩 효율적으로 일을 처리하라는 의미이다. 이런 식으로 일을 하다보면 중요한 일을 마칠 수 있는 시간은 충분하다.

자신의 신념에 따라 일의 우선순위를 정하는 것이다. 그러면 예전에 중요했다고 생각했던 일의 많은 부분이 더 이상 그렇게 중요하지 않게 된다. 그동안 우리의 삶이 의미 있고 책임감 있는 삶보다는 전혀 상관없는 남의 이목이나 반응에 불과했음을 깨닫게 될 것이다. 예를 들어 그저 남들이 사는 수준에 맞춰 살기 위해 돈을 벌려고 밤늦게까지 일한다면 우리에게 주어진 가장 소중한 것, 즉 우리에게 가장 중요한 것에 써야 하는 시간을 뺏기는 일과 같기 때문이다.

일이 끝나면, 그 날의 일과를 주님 앞에 회개하고 조용히 자신만의 시간을 갖도록 한다. 퇴근길은 하루를 정리하는 시간인 만큼 집으로 향할 때, 대중교통을 이용한다면 잠깐 자거나, 책을 읽거나 명상을 한다. 만약 운전을 한다면, 평소 듣고 싶었던 특별한 음악을 듣거나 아니면 침묵의 시간을 보낸다.

하루의 긴 일과를 마치고 녹초가 되었다면, 집에 오자마자 간단한 요가 자세, 이완, 그리고 명상, 아니면 활발한 에어로빅을 해보자. 직접 해보면 이러한 실천들이 얼마나 우리에게 활기를 찾는데 도움이 되는지 놀랄 것이다. 그러고 나면 긴장을 풀고 저녁 시간을 보내는데 효과적이다. 또한 그날 하루의 긴장을 털어버리고 저녁시간을 조용히 보내는 즐거움을 맛보게 될 것이다.

그리스도인들이 늘 가족과 동료 간에 함께 할 수 있다면 저녁기도와 같이(또는 대신하여) 효과적으로 활용할 수 있는 것이 〈그리스도인들을 위한 NT요가〉이다.

아이들이 있다면, 생각만큼 간단한 일은 아닐 것이다. 연령에 따라 운동, 이완 혹은 명상에 동참시키거나, 10~15분 만이라도 개인 시간을 가져야 한다고 아이들에게 설명해주자. 그렇게 짧은 시간만 할애해도 활기를 되찾는데 큰 도움이 되기 때문이다. 아니면 아이들이 좋아하는 운동을 같이 하거나 집 주위를 산책하는 것도 저녁기도가 될 수 있다.

잠드는데 어려움이 있다면, 자신이 주님 안에서 긴장을 푼다고 머릿속으로 그림을 그리면서, 점진적으로 이완에 빠져 보자. 밤새 세상에 대한 근심과 자신에 대한 걱정을 모두 주님께 맡기도록 하자. 이외에도 일상생활과 관련한 다양한 아이디어를 모든 삶에 적용해 볼 수 있다. 집에서 아이를 돌보는 엄마들도 수많은 일과 방해에 직면해도 또는 아장아장 걸어 다니는 아이로 인해 방해를 받아도, 현재의 순간에 집중하고 일을 한 번에 하나씩 처리할 기회가 얼마든지 있다.

아이들을 잘 관찰해 보면, 몸의 사용과 정신적으로 긴장을 푸는 비결에 대해 배울 점이 많다. 또한 아이들을 가르치다보면 필요에 따라 몸이 즉각적으로 반응한다. 예를 들어 친구들이 방 하나 가득 춤을 추고 있어도 피곤하다면 방 한 가운데 들어 누워 버린다.

일이 요가가 되도록 한다.

매순간 모든 일을 기도를 통해 주의를 기울여 주님을 드러내자. 성체 즉 안에 들어 있는 영적인 은총을 밖으로 드러내자. 일례로 주부로서 설거지를 어쩔 수 없이 해야 하는 것이 아니라, 설거지만을 위한 감각적인 설거지를 해보자. 이렇게 단순한 육체적인 작업에서도 새로운 기쁨을 찾을 수 있다는 사실에 놀랄 것이다.

일상의 활동을 하면서 행동과 기도 사이의 연관성을 찾아본다. 어렸을 적 내가 다녔던 우리 교회의 목사님께서는 학교 계단을 오를 때마다 감사기도를 드리고 내려올 때마다 회개하라고 하셨다. 이는 지금도 내게 깊은 인상으로 남아있고, 이 조언은 실로 오래 전이라는 점을 감안하면 아직도 감탄하게 된다. 자기 자신의 연관성을 찾아라. 샤워를 하면서 깨끗함과 치유의 기도를 드린다. 새로 세탁한 옷을 개면서 가족에 대한 간구기도를 한다.

정원에서 일을 할 때도, 출근길에도 환경에 대한 기도를 드린다. 음식을 준비하면서 지구가 주는 선물에 대해 감사기도를 드린다.

단순한 행동이라도 더 깊게 기도와 삶으로 승화시킨다. 창가의 화분에 허브를 심거나 작은 텃밭에 유기농 채소를 길러서 지구에 대한 사랑을 표현해본다. 일주일에 한 번 정도는 음식을 나눠주는 봉사활동을 해서 가난한 사람에 대한 연대감을 보여줘도 좋다. 전혀 기대하지 않은 이에게 감사 편지를 쓰거나 외롭게 지내는 지

인에게 전화를 걸어, 인간 공동체 의식을 표현한다. 산책을 하면서 주위에 있는 것을 진정으로 음미하여 신의 창조에 대한 기쁨을 표현한다.

요가 체위가 안에서부터 나오는 것과 마찬가지로, 자신의 삶을 내면으로부터 담아낼 줄 아는 사람은 영원히 지치지 않는다. 행동에 영감을 불어넣는 기도와 기도에 영감을 불어넣는 행동이 바로 '요가'가 되어, 세상 속에서 그리고 우리 내면에 신의 생명에 대해 지속적으로 결합시킨다.

〈그리스도인을 위한 NT요가〉는 신의 생명이 우리 안에 있다는 믿음을 바탕으로 기쁨과 하나가 되게 한다. 하나님께서 우리에게 선물로 주신 몸의 선물, 즉 몸과 정신을 찬양하자. 우리의 몸은 정해진 시간 동안만 우리에게 주어졌기 때문에 늘 신경을 써서 책임감 있게 사용해야만 한다. 그래야만 창조와 치유하시는 하나님의 은혜가 이 세상에서 더욱더 빛을 발할 수 있기 때문이다.

2장. NT요가의 이해

2장. NT요가의 이해

그런즉 너희가 먹든지 마시든지 무엇을 하든지 다 하나님의
영광을 위하여 하라. (고린도전서 10:31)

　　　지금까지 하타요가를 그리스도인들의 시각에 맞춰 주로 신학적인 면을 다루 었다. 어떠한가? 그리스도인을 위한 요가를 이해하기에 앞서 우선 요가는 영 적으로 편안한 것이라고 생각되지 않는가? 이번 장에서는 놀라운 자연치유력을 이 해하고 요가 경전의 그 일부를 소개한다.

자연치유력이란?

　　　수천 년 전 숲속에서 명상하던 요기(Yogi : 요가 수행자)들은 그들과 더불어 생활 하던 야생동물들을 면밀하게 관찰하고, 동물들이 본능적으로 스스로 치료하는 방 법, 휴식하고 잠자는 방법, 깨어나는 방법들을 지켜보고 몸소 이 움직임들을 실험해왔다. 그들은 지속적인 관찰과 깊은 통찰력으로 일련의 체계적인 몸짓을 창조하게 된 것이다.

이렇듯 그들은 인간에게 적합한 자연치유법을 이용한 것이다. 건강을 위해 아사나(요가자세)와 식이요법을 개발해 왔고, 에너지를 위해서는 숨쉬기를, 행동을 위해서는 윤리적 가이드라인(요가철학)을 그리고 마음의 평화를 위해서는 휴식과 명상법을 개발해 왔다.

NT(Natural Therapy) 요가는 다시 말해 〈자연치유법〉을 의미한다. 자연치유력은 생명의 고유한 힘을 통해 소화흡수의 과정과 마찬가지로 무의식적으로 복구 프로세스가 움직여 회생 및 회복을 불러일으키고 인체가 안정적으로 활성화되어 면역계를 증강시킨다.

하지만 이러한 자가치유력은 본래의 자신으로 다시 서는 일에서부터 탄생한다. 만약 마음 깊은 곳에서 '그래 이겨보자' 라는 소리가 들려온다면 힘껏 싸운다. 마음의 밑바닥에서 인생을 좀 더 열심히 살아보겠다는 생각이 강하면 강할수록, 병마따위는 잊어버리고 오직 즐겁고 기쁜 일에만 전력투구를 하게 된다. 어떤 경우든 외양만 그런 것이 아닌 본연의 자기가 원하는 것을 진솔하게 따를 때 자가 치유력이 넘쳐난다. 이것은 병과 싸우는 것도, 병을 부인하는 것도 아니다. 공존하면서 현재의 자신에서 한 발짝 떨어져 나와 객관적인 관찰자로서 자신의 현재 모습을 솔직하게 들여다보고 본래의 자신을 진지하게 탐구해 나갈 때 그에 따른 결과로 치유력이 향상된다.

또한 자연치유력은 신체의 물리적인 치유력이 작용하는데 결정적인 역할을 하게 된다. 긴장된 상태가 완화되고 교감신경과 부교감신경의 활동 밸런스가 바뀌게 된다. 그리고 마음치유에도 많은 영향을 미친다. 그에 따른 가장 중요한 열쇠는 신뢰와 확신감의 형성이다. 환자와 의사, 자신과 가족, 사회나 집단에 대한 안정적인 신뢰감과 회복에 대한 확신감, 자신의 나약함을 인정하는 겸손한 마음가짐과 타인과 자연을 수용하는 긍정적인 심리상태는 신체의 모든 기관을 활성화하는데 매우 중요하다.

그러므로 인간은 늘 자연치유력의 극대화를 위해 노력하고 연구해온 셈이다.

각종 공해 및 오염물질, 개인주의, 교통사고 등의 만연으로 뒤범벅된 현대사회는 더욱더 자연치유법의 필요성이 절실하다.

요가와 자연치유력

이러한 자연치유 과정에 있어 육체와 영혼의 신비스러운 상호관계를 다룬 책이 많다. 요가는 이러한 치유 과정에 든든한 동지가 될 수 있다. 요가는 생리학적으로 몸에 좋은 운동 형태를 모두 지니고 있고, 팔다리뿐만 아니라 다양한 내분비기관과 내장기관을 활발하게 활동하게 해주고 근육을 유연하게 하여 감각적이고 지혜로운 삶을 찾게 해준다.

만약 육체적인 문제나 병이 있다면, 명상 시간 동안 몸에 있는 건강하지 않은 부위에 신의 놀라운 치유하는 힘이 들어간다고 상상해 보자. 숨을 들이쉬고 내쉬면서, 마치 호흡이 생명을 주는 빛의 광선으로 함께 한다고 머릿속에 그려본다.

광선을 들이마시면서, 그 빛이 병이나 통증을 흡수하여 치유 에너지가 나온다는 생각에 집중한다.

대부분의 경우 요가는 스트레스를 줄이는데 도움이 된다. 건강에 해로운 스트레스의 주원인이 되는 요인을 직접적으로 해독시킨다. 몸의 에너지와 교신하는 법을 깨닫게 해주는 요가는 긍정적인 에너지를 생산적이고 적극적으로 활용하여, 건강한 몸과 영혼이 하나가 되고, 영적으로 성장하는데 도움을 준다.

> tip : **자연치유력의 놀라움** : 이제까지 웃지 않았던 사람에게 실험적으로 웃음을 자아내게 만들면 웃는 순간에 교감신경의 활동이 저하되고 부교감신경의 활동이 상승하는 즉 긴장완화상태가 되는 것을 알 수 있다. 어떤 보고서에서는 사람이 통쾌하게 웃음을 웃는 순간에 혈액 속의 백혈구가 순식간에 3배로 증가했다는 사실이 입증된 바 있다.

요가란 무엇인가?

1. 오랜 전통의 생활과학

요가는 수천 년 전에 인도에서 발전된 완벽한 생활과학이다. 또한 요가는 세계에서 가장 오래된 개인적 성장인 발견체계의 하나로써 육체적, 정신적 그리고 영혼의 건강까지 포함한다.

이러한 요가는 인체의 에너지 불균형이 심각한 병을 불러일으키고 확산시키기 전에 불균형을 바로 잡고 조화로움을 간직함으로써 질병을 예방하는 최상의 방법이다.

먼저 산스크리트어로 힘의 결집을 뜻하는 하타요가(Hatha Yoga)는 육체적인 수련을 가르치는데 초점을 맞춘다. 이미 우리나라에서도 큰 인기를 누리고 있는 하타요가는 간단한 기본자세의 호흡 그리고 이완 등이 주를 이루고 있다. 그러나 그 실천들은 단지 육체적인 작용만이 아니라, 육체적인 면과 정신적인 양면을 모두 가지고 있다. 하타요가에서 말하는 정신적 자각은 요가생활을 실천함에 있어 인간의 신체와 정신사이의 상호의존관계가 있음을 인식하여 그 관계를 더욱더 생동적인 역할을 하도록 돕는다.

요가를 좀 더 쉽게 설명하면 다음과 같다. 예를 들어 인체를 우리가 늘 타고 다니는 자동차라고 할 때, 정신은 운전기사이며, 영혼은 우리 자신의 진실된 주체로 정리된다. 행동, 감정과 지성은 육체를 움직이는 세 가지 힘이다. 요가는 자기자아발견의 완전함을 추구하는 궁극적으로 자기인식, 다시 말해서 우리가 의식하거나 인식하지 못하면서 추구하는 정신의 평화로운 상태의 완전함을 추구한다.

2. 현대인의 필수요약, 요가

약 30여 년 전만 해도 대부분의 사람들은 요가를 행하는 사람들을 보고 일제히 상식에서 벗어나는 행동을 하는 사람쯤으로 생각해왔다. 그러나 지금은 여러 단체나 요가 수행자들의 가르침으로 인해 널리 알려진 상태이다. 요가에 대한 관심의 증대는 가히 놀랄만하다. 물론 이러한 보급은 선진 서구세계의 영향도 크게 작용했을 것이다.

근대의 요가는 몸의 유연성과 몸매의 균형, 다이어트 등을 위한 수단으로써 특히 여성들 사이에 인기가 높아졌다. 그러나 오늘날에는 특히 남성들의 스트레스 해소를 위한 수단으로써도 큰 인기를 끌고 있으며 심적치유로도 많이 활용하고 있다.

요가는 다양한 세대를 뛰어넘어 환자 및 임산부에까지 널리 적용할 수 있으며 누구나 요가를 실천하겠다는 의지만 있다면 가능하다. 또한 풍부한 전통에 입각한 과학적인 생활치료법으로서 임신이나 출산 시에 발생하는 고통 및 질병, 숙취나 사고발생 후의 후유증 회복, 무기력함과 나약함, 습관성 약물중독의 치료, 호흡기질환, 소화불량, 근육과 신경과로 상태를 포함한 여러 질병들의 예방과 치료에 많은 도움이 될 수 있다. 그리고 요가는 심리학적인 질환에도 도움이 된다.

오늘날 많은 의사들은 긴장이완과 정신적인 균형을 달성하기 위한 수단으로써 요가를 권한다.

3. 몸과 마음, 영혼을 맑게 하는 지혜의 철학

실제로 체험해 보면 알겠지만 요가는 누구나가 행할 수 있다. 개개인의 연령, 뻣뻣함, 유연함, 질병이 있거나 평상시에 운동을 하지 않았던 사람도 따라 하기 쉬운 수행법으로 요가의 효과란 놀랄만한 신체의 변화를 가져다준다.

이미 요가를 체험했거나 수행하고 있는 사람은 넘치는 활력과 평안하고 안정된 마음으로 매일의 생활을 조화롭게 영위할 수 있을 것이다. 자신 스스로도 그렇게 느낄 뿐만 아니라 주위 사람들도 육체와 정신이 멋지게 균형을 이루고 있는 자신에게 주목하게 될 것이다.

그러한 자신의 변화가 있기까지는 복잡한 지식도 필요 없고 어려운 도구도 필요하지 않으며, 특별한 장소도 필요 없다. 다만 육체를 향상시키고 싶다는 자신의 의욕, 잠들어 있는 자신의 정신력을 되살리고 싶다는 의지, 즉 본연의 자신만 있으면 그것으로 충분한 것이다.

4. 몸과 마음, 정신의 완벽한 합일

요가(Yoga) 자체는 합일(合一)을 뜻하며 자연, 우주, 내면과 인간 사이의 일치를 의미한다. 요가는 수천 년 동안 발전해 온 그리고 여전히 진화하고 있는 살아있는 삶의 과학이다.

고대의 요기(Yogi)들은 인간의 몸과 마음 사이의 상호작용(관계)을 이해하기 위해 그들의 몸을 실험실 삼아 연구했다. 그리고 인간의 감각적인 본능(본성)을 드러내기 위해서 그들 자신의 경험에 의거하여 삶의 모든 단면(신체적, 감성적, 정신적, 윤리적, 심리적인 면)을 보여주는 유익한 수행방법으로 발전시켜 왔다.

NT요가의 이해

요가의 목적은 몸과 마음을 단순하고 평화롭게 안정시키며 몸의 한계를 극복하는 것이다. 마음의 혼란과 스트레스에서 벗어나게 하는 고요함은 요가 아사나(자세) 및 프라나야마(호흡법) 수행에서 나온다.

근육과 뼈를 긴장시키는 다른 형태의 운동과는 달리 요가는 생기를 북돋아주며 몸을 회복시켜 부정적인 감정들로부터 마음을 자유롭게 해준다. 몸과 마음의 완전한 조화가 이뤄질 때만이 자아실현을 성취할 수 있다. 자아실현의 길목에서 만나는 모든 장애물들은 육체적이거나 정신적인 요소라고 볼 수 있다.

육체적인 상태가 완벽하지 않을 때 정신적인 상태의 불균형이 유발된다.

요가는 그러한 불균형을 극복하도록 도와준다. 요가 아사나들은 육체적인 질병들을 치료할 수 있고 몸의 불균형을 바로 잡아 몸 전체를 조화롭게 한다. 또한 이 동작들은 뼈와 근육을 유연하게 강화시키고 자세를 바로 잡으며 호흡을 향상시켜 에너지를 증강시킨다.

초심자들은 요가의 이론이나 신념에 대한 이해를 구하려고 급히 서두를 필요는 없다. 실제로 요가를 수련하고 체험하다보면 자신 스스로가 새로운 창조의 변화를 바라기 때문이다.

믿음의 효과에 대한 이로움들은 이성과 지성의 범주를 초월한다. 요가의 효과에 대한 타당성은 보편적이다. 요가의 효과를 믿지 않았던 사람이 요가수행을 함으로써 열심히 수련하든 사람과 똑같은 이로움을 얻게 된다.

요가는 과학이라고 말한다. 요가는 전체적으로 과학과 철학의 결합이지만, 종교가 아닌 것만은 분명하다. 요가를 통해서 얻은 영성의 축복은 쉽게 하나님과의 만남을 가져다준다.

요가수행은 사실들의 주장을 인식하고 종교와 관습의 비 실질적인 인습보다는 사실들을 더 선호한다. 몸과 마음의 건강은 관습과 인습은 다를지라도 사람에게서 사람으로 인종에서 인종으로 나라에서 나라로 일치되고 있다.

현인 파탄잘리는 요가수트라(Yoga Sutra) 경전에서 요가수행 8단계를 통하여 몸과 마음의 정화를 단계적으로 발전시켰다.

1. **야마**(금계) : 하지 말아야 할 계율
2. **니야마**(권계) : 적극 실천해야 할 계율
3. **아사나**(요가 자세)
4. **프라나야마**(호흡의 조절)
5. **프라트야하라**(대상으로부터 감각기관의 제어)
6. **다라나**(의식의 집중)
7. **디야나**(선정–집중의 연속)
8. **사마디**(선정의 연속–신과 하나 됨)

앞장의 8단계 중 본서에서는 가장 기본적인 1과 2항을 소개하기로 한다. 본 항목은 성경에서의 십계명이나 불가에서의 8정도와 큰 차이가 없다.

요가 철학에서는 덕의 법칙이라 불리는 우주의 조화를 다스리는 법이 세계를 지배한다고 설명한다. 각 개인을 중심으로 볼 때, 자기 자신의 덕을 따른다는 것은 책임감 있게 행동하고 자신의 나이, 사회적 지위, 정신적 깨달음의 정도에 알맞게 행동을 하는 것이다. 명상에서 성공을 하려면, 사회적 책임감을 기르고 올바르게 살아가기 위해 노력을 해야 한다. 그렇지 않으면, 기본적인 성격의 특성들이 변하지 않는다. 이전과 다를 바 없는 질투, 자존심, 분노, 자기애 등이 자신의 행동을 지배할 것이다. 올바르게 생활하면 본능에만 의존하지 않고 더 먼 곳을 바라볼 수 있도록 만들어준다.

그러나 요가에서는 올바르게 살아가는 것 그 자체가 목표가 아니다. 요가의 목표는 마음을 깨끗하게 정화하여 영혼의 지혜를 받아들이기에 알맞은 상태로 만들어 가는 것이다. 따라서 자신이 갖고 있는 부정적인 요소들을 조금씩 변화시켜 점점 정신적으로 의미 있는 존재로 바꾸어 나가는 것이다. 요가에서는 모든 존재가 끊임없이 진화하며, 존재 자체에 내재되어 있는 신성한 특성을 완전히 드러내서 발전시키는 것을 전제로 한다. 올바른 삶의 핵심과 그 목표는 영혼을 정화하여 이와 같은 목적에 도달하는 것이다. 부정적인 생각들과 행동들을 없애고, 좋은 생각과 행동만을 하도록 끊임없이 노력할 때에만 자신의 목표에 도달할 수 있다.

올바른 삶의 목표는 행동과 감정, 소망 등을 한 단계 고양시키고 깨끗하고 차분한 마음을 갖는 것이다. 깨끗한 마음을 가지면 한 곳에 집중할 수 있게 되기 때문에 자신의 내면을 돌아볼 수 있게 된다. 일단 마음이 깨끗하게 정화되면 자연스럽게 명상을 할 수 있게 된다. 이것이 바로 생활 속에 요가이며, 요가는 바로 창조주의 뜻에 따르는 우리 삶의 완성이다.

올바르게 살아가기 위해 노력하다 보면 마음이 넓어지고 이기심이 줄어든다. 그러나 체계적으로 끊임없는 노력을 할 때에만 이런 상태를 유지할 수 있다. 사람의 마음을 정원이라고 생각하고 불순물들을 잡초라고 생각해보자. 매일 잡초를 제거해 주어야만 정원에 아름다운 꽃이 필 수 있다.

사람들은 자신의 행동에 의해서 마음에 인상을 새기게 된다. 누구나 반복적인 행동을 하면 어떠한 경향이 생겨나고, 그 경향이 다시 습관으로 발전하게 되고, 습관은 다시 성격이 되고, 성격은 다시 운명이 되는 것이다. 이렇듯 자신의 행동에 대해 의식적으로 책임을 지려는 노력과 그 결과에 대해 자각을 해야 한다.

올바르게 살기 위한 가장 기본적인 수행 방법은 남에게 무언가를 나누어 줄 수 있도록 마음을 다스리는 것이다. 즉 '주는 것이 삶의 법칙이다.' 라고 말할 수 있는데 이런 자세는 일상생활을 통해 만들어나갈 수 있다.

자신의 수입의 일부를 자선 사업에 사용하거나 우리가 교회에 헌금하는 것 등, 자신의 행복과 긍정적인 마음가짐을 다른 사람과 나누어야 한다. 늘 "좋은 일을 하고 좋은 사람이 되리라."는 마음의 다짐을 상기시키며 삶을 전개해 나가야 한다.

모든 사람의 삶의 목적은 자신의 가능성과 진정한 자아를 표출하는 것이다.

이런 목적을 이루기 위해서는 본능을 승화시키고 자신의 인격을 높게 훈련시켜 강해지도록 만든다. 인격 중 고상한 부분은 신에 대한 헌신의 봉사를 통해 강화될 수 있다. 행복하고 밝은 마음으로 남을 위한 행동을 하면 개인적인 보상과는 관계없이 진정한 자유와 기쁨이 찾아온다. 이것이 바로 박티요가의 실천이다.

다른 사람들에게 들키고 싶지 않은 행동은 하지 말아야 한다. 들킬까봐 두려워지면 점점 비밀이 많아지고 편안하게 생활할 수 없게 되기 때문이다. 자신의 모든 행동들의 진정한 동기가 무엇인지 지각해야 한다. 행동 그 자체보다 동기가 더욱 중요한 것이다. 대부분의 행동은 쾌락, 안전, 권력, 인지도 등을 얻기 위한 무의식에 그 바탕을 두고 있다. 하루 일과가 끝나고 밤이 되면 눈을 감고 하루의 행동을 되돌아보자.

스스로를 비난하거나 부끄러워하지 말고 하루 동안 어떤 일을 끝내지 못하였는지, 어떤 실수를 했는지 생각해 본 다음 어떤 행동을 하는 편이 더 좋았을지 자기자신에게 질문을 한다. 이런 과정 속에 자신의 의지를 꺾을 만큼 거대한 부정적인 생각들뿐 아니라 잠재의식 속에 내재되어 있는 부정적인 생각들의 패턴까지도 이겨낼 수 있다. 계속 수행을 하면 마음속에서 점점 이기심이 사라지고 온정이 생기는 것을 느끼게 될 것이다.

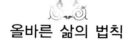

올바른 삶의 법칙

요가에서는 사회적 행동 규범을 야마(Yamas)라고 부르고, 개인적 행동 규범을 니야마(Niyamas)라고 부른다. 이 두 가지 규범은 라자요가의 기본적인 두 가지 단계이며 동시에 명상(기도)의 상부 구조의 기본이 되는 숭고한 삶의 자세이다.

야마와 니야마는 욕망, 갈망, 부정적인 생각이 사라지도록 하고 성격으로 인한 난폭한 행동, 폭력, 잔혹성 등을 없앤다. 이 규범을 따르면 마음이 부드러워져 사랑, 친절함, 선(善)으로 가득 차게 된다. 요가수행의 길은 이 두 가지 규범을 근본 바탕으로 하여 실천되어야 한다.

1. 야마

야마는 사람들이 외부 세계와 올바른 방식으로 이어지도록 하는 다섯 가지 수행 방법이다. 야마는 기독교의 십계명(十誡命)이나 불교의 팔정도(八正道)와 유사한 행동 규범이다. 야마는 아힘사(Ahimsa : 비폭력), 사트야 (Satya : 진리), 브라흐마차리야(Brahmacharya : 감각의 통제), 아스테야(Asteya : 도둑질을 하지 않음), 아파리그라하(Aparigraha : 무소유)로 이루어져 있다.

－비폭력

아힘사는 '생명체를 해치지 않는다' 는 뜻으로 생각이나, 말, 행동을 통해 생명체에 위해가 되는 행동을 해서는 안 된다. 단지 상처를 주거나 폭력을 행사하지 않는다는 뜻 외에도 어떤 방식으로든 해를 가해서는 안 되며 적극적으로 사랑을 실천해야 한다는 것을 의미한다. 아힘사는 용서와 자비를 포함해 다른 것으로부터의 보호도 해당되는데, 특히 약자를 보호하기 위해 노력해야 한다.

아힘사는 연민, 자선의 행동, 친절, 마음을 정화하고 부드럽게 하는 일을 모두 포함한다. 남을 경멸하거나 멸시, 편견, 남의 험담, 분노, 미워하는 마음, 거짓말, 다른 사람이의 고통이나 아픔을 덜어주지 못하고, 다른 사람이 나쁜 행동을 하도록 방조하면 아힘사의 규칙을 어기는 것이다. 폭력은 어떤 형태이든 지혜의 적이다. 폭력의 결과는 고통과 아픔뿐이다. 폭력은 사람을 갈라놓고 분열시킨다.

한 마디의 거친 말은 오랜 기간 동안 사랑으로 함께 했던 사람들을 갈라놓는다. 다른 사람에 대한 폭력은 정신 불안의 가장 주된 원인이 된다. 폭력에 대한 생각이 마음속에 생겨나면 마음이 왜곡되어 더 많은 해를 가하게 만든다. 최선을 다해 살아있는 모든 생물체를 보호해야 한다.

고통 받고 있는 사람을 만나거든 최선을 다해 그 아픔을 덜어주어야 한다.

모욕과 비판, 꾸짖음은 냉정하게 받아들여야 하며, 복수를 해서는 안 된다. 그

누구에 대해서도 분노의 마음을 갖고 있어서는 안 되며 모두를 용서해야 한다.

-진리

참된 도리를 지켜나가면 마음이 평화롭고, 맑아지며 진리를 볼 수 있게 된다.

뿐만 아니라 진리라는 것은 모든 존재의 근원이다. 진리는 자제, 이기심을 버리는 마음, 용서, 용기, 인내, 참을성, 친절함, 사랑을 포함한다. 진리를 얻으면 걱정으로부터 해방된다. 생각이 말과 일치해야 하며, 말은 행동과 일치해야 한다.

많은 사람들이 말과 행동을 다르게 하여 불신과 원망을 초래한다. 진리를 대할 때는 항상 온화해야 한다. 진리를 앞세워 다른 사람을 고통스럽게 한다면, 진리는 더 이상 선(善)이 아니다. 또한 잔인한 결과를 알면서도 모르는 척 하는 것은 더 이상 진리가 아닌 것이다. 과장, 거짓말, 허영, 기만, 거짓된 태도, 약속 파기 등은 모두 진리가 아니다. 진리가 아닌 것들은 긴장, 걱정, 불안을 초래하고, 언젠가는 모두 들통이 날지도 모른다는 두려움이 생기게 만든다.

이전에 거짓말을 했던 경험을 한 번 떠올려 보자. 한 번의 거짓말은 또 다른 거짓말로 이어지고 결국 끝없이 거짓말을 하게 되어, 더 이상 죄의식을 느끼지 않게 되고 무의식까지도 오염이 된다. 곧 불안한 생각들로 마음이 가득 차므로 기도(명상)를 할 수 없게 된다. 진실 되고 진리를 실천하는 사람은 아주 강한 사람이다.

끊임없이 진리를 추구하여야 하며 진리를 위해 자신을 모두 버릴 준비를 해야 한다. 그러면 진정으로 창조주의 뜻에 합당한 창조물로서 위대한 영혼을 간직하게 될 것이다.

-감각의 제어

브라흐마차리야와 금욕을 혼동하는 경우가 많지만, 브라흐마차리야는 모든 감각을 제어한다는 뜻이다. 그러나 이 뜻은 감각을 억누른다는 뜻이 아니라, 감각을 제어하고 모든 에너지를 깊은 명상(기도)에 쏟아 붓는다는 뜻이다.

숨을 쉬는 것 다음으로 가장 강한 충동이 성적인 충동이다. 성적인 욕구는 아주 강렬하기 때문에 간혹 그 힘이 모든 지혜와 논리를 능가하기도 한다.

은하와 세계를 형성하고 영속시키는 우주의 에너지는 사람의 몸과 마음속에서 끊임없이 살아 숨 쉬는 에너지와 같은 것이다. 이 삶의 에너지, 혹은 우주의 에너지는 모든 삶의 단계에서 성적인 에너지로 표출된다. 성적인 에너지를 적절하게 활용하면 체내, 특히 두뇌에 축적되는 미묘하고 숭고한 에너지인 오자스(Ojas : 생명력을 만들어내는 신비한 에너지)로 바뀐다.

오자스는 아주 중요한 창조적인 에너지이며 사람의 몸속에 있는 이 에너지는 성적인 욕망을 숭고한 것으로 바꾸어 준다.

-도둑질을 하지 않음

도둑질이라고 하는 것은 다른 사람의 물건을 가지는 것을 뜻하며 다른 사람의 업적을 가로채는 것도 도둑질에 포함된다. 다른 사람이 가진 것을 갖고자 하는 욕망은 마음의 평화를 앗아간다. 즉 욕심을 버리고 낭비하려는 욕망을 이겨내는 것을 뜻한다. 어떤 것이든 다른 사람의 것을 훔치는 것은 욕심에서 비롯된다.

돈을 축적하고, 과식하고, 자원을 낭비하고, 다른 사람의 소중한 시간을 빼앗고, 필요 이상으로 가지는 것은 모두 도둑질이다.

다른 사람에게 무언가를 감추는 것도 자신이 가진 것을 다른 사람과 나누지 않으려고 하는 것이므로 도둑질에 해당한다. 도둑질은 의식을 둔감하게 만들고, 죄의식, 불명예를 가져오며 욕망이 증가하도록 한다. 모든 거래에서 정직하게 행동해야 하며 자신의 노력에 의한 대가만을 받아야 한다. 더 나아가 물질을 소유하고자 하는 욕심을 극복하는 무소유의 경지에 도달하게 하는 원동력이 될 것이다.

-무소유

무소유는 물질을 소유하고자 하는 욕심을 극복하는 것을 뜻한다.

무소유는 도둑질을 하지 않는다는 뜻과 비슷하지만 미묘한 차이가 있다. 도둑질은 삶에 대한 잘못된 이해의 결과가 잘못된 행동으로 나타나는 것이다. 그러나 소유라는 것은 욕심의 근원적인 이유이다.

소유는 다른 사람으로부터 이해와 인정을 받고 싶어 함과 동시에 다른 사람의 자산을 갖고 싶어 하고, 보상을 받고 싶어 하는 욕망이다. 우리는 모두 하나의 존재이다. 따라서 소유는 나누고 살아야 한다는 삶의 법칙을 무시하는 행동이다.

무소유라는 것은 자신이 갖고 있는 것 전부를 나누라는 뜻은 아니다. 그러나 불필요하게 많은 것들을 축적해서는 안 된다. 지나치게 많은 것을 소유하고 있으면, 집착이 생기게 되고, 다시 소유물을 잃어버리는 데 대한 두려움, 분노, 시샘이 생기게 된다. 무소유에서는 다른 사람으로부터 선물을 받았을 때 그 선물이 사치, 뇌물, 부당한 결과로 이어질 수 있다면 선물도 받지 않도록 규정하고 있다.

무소유는 두려움과 집착을 없애고, 만족감을 가져다주며, 마음을 명쾌하게 만들어주고 삶의 목적을 일깨워준다. 자비로운 마음을 실천하고, 많은 것을 나누어주고, 이기적인 마음을 버리고 살아가야 한다. 욕심을 비우고 비워진 마음은 빈병과 같아지며, 그 빈병에 자신의 영혼이 어떻게 담겨지느냐에 따라 아름다운 꽃병이 되기도 하고 쓰레기가 담긴 쓰레기통이 되기도 한다.

그러므로 언제나 맑게 깨어있는 영혼을 위한 야마, 니야마의 실천은 요가의 완성을 위해 꼭 지켜야 한다.

2. 니야마

야마를 따르면 마음이 깨끗해지고 외부 세계와 올바른 관계를 형성할 수 있게 되는 반면, 니야마는 개인행동과 관련된 규범이다. 니야마는 부정적인 마음을 없애고 마음속에 선(善)을 심어주며 분노, 자만심, 집착, 질투, 욕심, 기만 등으로부터 마음이 자유로워질 수 있도록 해 준다. 니야마는 습관을 제어하고 의지를 강화시켜, 마음이 명상을 하기에 알맞은 상태가 될 수 있도록 만들어준다.

니야마에는 사우차(Saucha ; 청결한 신체와 환경), 산토샤(Santosha ; 만족), 타파스(Tapas ; 엄격), 스바드야야(Svadhyaya ; 학습), 이시와라 프라니다나(Ishwara pranidhana ; 신에 복종)가 있다.

-청결한 신체와 환경

주변을 깨끗하게 하고, 주기적으로 목욕을 하고, 운동을 하고 깨끗한 음식을 먹고 깨끗한 옷을 입어 자신의 몸을 돌보는 등 자신의 신체를 깨끗하게 하는 것으로부터 시작한다. 정신적으로 고결한 상태를 유지하려면 이타적인 마음으로 봉사를 하고, 부정적인 감정과 생각을 버리고, 훌륭한 자질을 키우고, 만트라를 반복하며, 숭고한 마음을 가진 사람들과 어울려야 한다.

이를 따르면 시기심과 걱정이 사라지고, 남의 험담을 하지 않게 되며, 분노를 느끼지 않게 된다. 기쁨, 만족, 평온한 마음, 조화, 친절, 인내는 모두 고결한 마음으로 인해 나타나는 것이라 할 수 있다.

-만족

만족과 진정한 행복은 외부에서 찾을 수 있는 것이 아니라, 마음에서 찾는 것이다. 만족은 마음의 평화를 가져오고, 삶에서 충만한 기쁨을 느낄 수 있도록 해준다. 다시 말해서 삶을 있는 그대로 받아들이고, 어떤 상황이 오든 행복할 수 있는 상태를 일컫는다. 욕망과 좌절로부터 자유로워질 때 마음은 하나로 모이고 정화될 수 있다. 마음이 깨끗해지면 기쁨이 찾아온다.

자신의 삶에 만족하면 불만을 늘어놓거나 욕심을 내지 않게 되며, 다른 사람들이 자신에 대해 말하거나 생각하는 것에서부터 자유로워진다. 비교, 경쟁, 질투 등은 모두 만족하지 못하는 데서 비롯되는 것이다. 불만족은 삶을 파괴한다. 마음이 한 곳에 집중하지 못하면 항상 불만이 생기고, 끊임없이 외부 세계에서 기쁨을 추구하고자 한다. 이런 욕구로 인해 질투를 하고, 뒤에서 남을 헐뜯게 될 수도 있다.

자신이 얼마나 성공했는지를 판가름하는 것은 자신이 얼마나 많은 것을 소유하고 있는지, 자신이 얼마나 똑똑한 지가 아니라, 욕구와 욕망으로부터 얼마나 자유로운가 하는 것이다.

－고행

마음을 강인하게 만들기 위해 어려운 일을 행하고 쉬운 일을 피하는 것이다. 마음은 근육과 같다. 근육은 힘들게 운동을 할 때에만 강인해진다. 마찬가지로 마음도 강인해지기 위해서는 힘든 시간이 필요하다.

고행은 세 가지 형태가 있는데 그것은 육체적, 언어적, 정신적 고행이다.

금식을 하고, 육체적인 고통을 견디고, 불편함을 참아내는 것은 육체적 고행이다. 침묵 수행을 하고 건설적이고 진실한 말만을 하는 것은 언어적 고행이다. 부정적인 생각을 긍정적으로 바꾸고, 분노와 미움을 이겨내고, 불평하지 않고, 모욕과 무례를 참아내고, 평온한 마음을 갖기 위해 노력하는 것은 정신적 고행이다.

모든 불완전한 것들, 한계, 나쁜 점 등을 믿음과 이해로 받아들이는 것이 가장 위대한 고행이다. 기도(명상)는 가장 숭고한 형태의 자신의 고행이라 할 수 있다.

명상으로 인한 좋은 점은 셀 수 없을 만큼 많으며, 몇 가지 예를 들어본다면 건강, 집중력, 인내, 강한 의지력 등이 대표적이다.

요가수행자의 명상이나 그리스도인의 기도와 묵상은 형식의 차이 일뿐 그 근원은 같으며, 그 끝 역시 신과의 하나 됨으로 연결된다.

-학습

우리는 숭고한 정신이 담겨 있는 글을 읽으면, 작가의 지혜와 지식을 받아들이게 된다. 지혜의 말씀이 담긴 성경은 힘든 시기에 가장 가까운 친구나 이상적인 스승의 역할을 할 수 있다. 성인이나 현인이 쓴 숭고한 정신이 담겨있는 문학작품을 읽으면 작가의 정신적인 가치를 깨닫게 되고 긍정적으로 생각할 수 있게 된다.

성경의 구절 중에서 자신이 읽은 것을 완전히 이해하도록 노력하고 책에서 읽은 내용을 매일 실천하도록 노력한다. 기도와 명상을 반복하면 마음이 한 단계 고양되고 의심이 사라지고, 부정적인 생각들이 없어진다. 뿐만 아니라 새로운 인상을 만들어낼 수도 있고, 집중에 도움이 되며, 믿음을 강하게 만들어주며, 마음이 맑아진다.

-절대 의지에 복종(박티요가)

신에게 자기 자신을 바치는 즉 헌신적인 수행을 뜻한다.

찬송과 기도를 반복하고 관련 서적을 열심히 읽는 것이 모두 이에 속한다. 하나님을 존경하고, 하나님에 대해 얘기하고, 하나님을 위해 살고, 모든 행동의 결과를 하나님에게 바치는 것이 모두 하나님에게 복종하기 위한 행동이다. 하나님에게 복종을 하면 은총을 받아 직관력을 키울 수 있게 된다. 더 많이 복종하면 할수록, 정신적인 수행을 할 수 있는 능력이 더 커지게 된다.

이러한 내면의 존재에 모든 행동 시 복종하는 태도로 임하면, 하나님으로부터 보호받는 것처럼 느낄 수 있으며 또한 절대자의 안내를 받는 것처럼 느낄 수도 있다. 수행을 하면 할수록 점점 무조건적인 복종을 하게 되고, 자신이 고양된 만큼 평화와 자유를 느낄 수 있게 된다.

초연한 자세를 배우는 두 번째 방법은 자신을 하나님이 갖고 있는 하나의 도구로 생각하는 것이다. 다시 말해서, 자신이 맡고 있는 일을 하기 위한 하나의 대리인으로 자신을 바라보는 것이다. 모든 행동을 할 때 하나님께 복종하고 헌신하는 자세로 행동을 해야 한다. 또한 모든 사람의 가슴속에 있는 하나님의 힘을 깨달아야 한다. 다른 사람을 위해 봉사할 때, 실질적으로는 하나님을 위해 봉사하고 있음을 깨달아야 한다. 이런 생각을 통해, 모든 행동이 신성해지는 것이다.

초연해지기 위한 세 번째 방법은 보상에 대해 생각하지 말며, 감사의 말을 들을 것이라고 기대하지 말며 마지막으로 목적을 갖지 않고 일을 하는 것이다.

대부분의 사람들은 돈, 명예, 높은 직위, 권력을 위해 일을 한다.

그러나 한 예로 부모가 아기를 위해서 무언가를 할 때 그에 대한 보답을 원하는가? 그렇지 않다. 이와 같이 개인적인 이득을 생각하지 않고 일을 하도록 노력해야 한다. 이기적인 마음을 버리고, 사리사욕을 버리고 자신의 고용주, 가족, 친구에게 기쁨을 줄 수 있다는 봉사의 마음을 가지고 일을 해야 한다.

자신이 누군가를 위해서 일을 하고 봉사를 하더라도 사랑, 감사, 존중, 존경 등의 보상을 기대해서는 안 된다. 집착하지 않고 초연한 자세로 일을 하는 것은 두말할 나위도 없이 아주 힘든 것이다. 그러나 그에 따르는 보상은 어마어마하다.

이기심을 갖지 않고 일을 하면, 마음이 정화되고 넓어지며, 내면의 힘이 강인해지며, 자신을 희생하는 마음이 커지고, 이기심이 줄어들고, 겸손한 마음이 생기고, 남을 기만하는 마음과 자만심은 사라진다. 그리고 순수한 사랑, 연민, 인내심, 자비로운 마음이 생기고, 자신의 삶과 세상에 대한 통찰력이 생긴다.

차크라

차크라(Chakra)는 물질적 혹은 정신의학적 견지에서 정확하게 규명될 수 없는 인간 정신의 중심부이다. 그림이 직선과 곡선 혹은 명암만을 가지고 완전하게 설명될 수 없는것과 같이 차크라도 생리학적 정신의학적 또는 어떤 과학적 형태로도 설명되어질 수 없다. 차크라란 '숙시마프라나(sukshma prana : 미세한 프라나)' 라고 하는 미세한 생명력이 활동하는 중심부이다.

차크라는 교감 신경계, 부교감 신경계 및 자율 신경계와도 상호 관계를 맺고 있으며, 우리의 온몸 구석구석과 긴밀히 연결을 맺고 있다.

차크라는 산스크리트어로 바퀴 또는 원형의 의미를 지니고 있다. 우리 몸의 모든 것은 둥근 형상이며, 지속적으로 움직이고 있기 때문에 이 운동의 중심 센터들을 가리켜 〈차크라〉라고 부른다.

차크라는 마음의 바퀴이며 욕망의 숲 속에 살고 있다. 바퀴 그 자체와 마찬가지로 욕망 또한 커다란 동기의 힘이다. 그리고 각 차크라는 단계별로 욕망을 담고 있는 욕망의 보금자리이다.

일생을 통하여 우리는 욕망의 늪 속에 살며, 각자가 가장 편안하게 느끼는 차크라의 견지에서 삶의 상황을 이해하고 판단한다.

차크라를 논의할 때는 반드시 이 에너지 중심센터의 미묘한 성질을 이해할 필요가 있다. 신경들은 단지 기본 원동력에 지나지 않지만 그 메시지는 매우 미묘하며 의식 혹은 자기 인식이 있게 마련이다.

차크라란 어떤 물질적 형상을 지니지 않으며 생리학적 혹은 순수 물질적 차원에서 설명되어질 성질의 개념이 아니다. 차크라는 영혼 에너지와 육체의 움직임이 합치되고 침투되어 만나는 중심이다.

또한 우리의 모든 장부와 신경조직에 연결된 중심점이기에 몸과 마음에 크나큰 영향을 미친다. 그러므로 요가 생리학에서 중요한 학문으로 다루고 있다.

〈차크라의 위치〉

⑦ 사하스라라 차크라(Sahasrara)
⑥ 아즈나 차크라(Ajna)

⑤ 비슈다 차크라(Vishuddha)

④ 아나하타 차크라(Anahata)

③ 마니푸라 차크라(Manipura)

② 스와디스타나 차크라(Swadhisthana)

① 물라다라 차크라(Muladhara)

차크라	만트라	성격	관련질병
1 물라다라 차크라(Muladhara)	랴(LA)	본능, 감정, 육체적 건강, 용기, 인내	치질, 좌골신경통, 피로
2 스와디스타나 차크라(Swadhisthana)	바(BA)	성욕, 성적에너지, 성행위, 관용	당뇨, 암, 신진대사
3 마니푸라 차크라(Manipura)	라(RA)	소화, 신진대사, 감정, 사회적 자아, 의리, 열정	위궤양, 담석증
4 아나하타 차크라(Anahata)	얌(YM)	혈액순환, 자비, 용서, 평화	인후통, 관절염
5 비슈다 차크라(Vishuddha)	하(HA)	평화, 지식, 지혜, 헌신	갑상선, 열병
6 아즈나 차크라(Ajna)	아(AH)	통찰력, 집중, 지혜, 지각	신장, 직관력
7 사하스라라 차크라(Sahasrara)	옴(OM)	영적 깨달음, 신과의 합일, 의식의 각성	정신병

일상생활에서 찾아보면 자동차가 다니는 도로가 우리 신체의 경락혈이라고 볼 때 로타리로 비교할 수 있다. 로타리의 막힘은 모든 차선의 교통흐름을 막듯이 차 크라의 막힘은 신체에 불균형의 근본이 되는 것이다.

요가의 기원과 인체원리

언제 요가가 처음으로 시작되었는지는 정확히 알 수 없다. 그러나 고고학적인 증거로 미루어 볼 때 적어도 5000여 년 전으로 거슬러 올라갈 것이다.

요가에 대한 최초의 언급은 BC 2500년 전 베다(Vedas)라고 불리는 경전들의 종합지에서였다. 즉 요가 내용의 주된 기본들이 베다(Veda), 우파니샤드(Upanishad)의 끝부분에 언급되어 있다.

앞장에서도 언급했듯이 요가(Yoga)의 문자적인 의미는 '결합(結合)'이나 합일(合一)이며, 요가의 궁극적인 목적은 자기실현, 즉 신성하고 절대적인 개개인의 영혼들을 창조주와 결합하는 길이다. 요가의 사상에서 인간은 이 세상에서 경험을 통하여 배우고 진화를 하는 존재로 여기고 있다. 또한 요가에서는 세상을 프라나(prana)라고 불리는 미묘한 형태의 에너지가 충만한 것으로 본다.

요가의 프라나라는 개념과 인체의 특수한 경혈을 자극하여 인체의 부조화스러운 기의 흐름을 잡아주는 침술, 그리고 서양 의학에서의 심령치유, 예로 든다면 기독교 사상에서는 하나님이 병을 직접 치유하거나 그의 대리인을 세상에 보내 치료하게 한다는 개념을 신봉하고 있으며, 성경에서는 예수님이 기독교인이나 비 기독교인에게 똑같이 실시했던 많은 치료의 기적을 담고 있듯이, 이 둘 사이에는 서로 밀접한 유사점이 있다.

인간의 육체에는 나디(nadis : 한의학의 경락)들로 알려진 통로를 따라 흐르는 프라나가 있으며 프라나는 차크라(chakra : 심신의 에너지가 응집되어 있는 부위로서 인체의 내분비선과 일치)라고 불리는 에너지의 중심부에 집중된다.

요가에서는 질병을 프라나 흐름의 정체와 불균형에 부분적으로 기인한 것으로 본다. 그리고 요가의 실행을 통하여 이런 점들을 바로잡도록 시도한다. 아사나란 육체적인 자세이며 프라나야마란 호흡법으로 하타요가의 주된 구성요소이며 프라나가 보다 자유롭게 흐를 수 있게 육체를 정화시킬 수 있도록 만들어졌다. 요가의 수행법 중에는 육체를 다시 활기차게 쇄신시킬 수 있도록 육체의 일부에 의도적으로 프라나를 보낼 수도 있다.

아사나 즉 우리 몸의 자세들은 근육을 늘리고 수축시키고 척추를 바로 잡고 관절을 유연하게 만들고 호흡을 보다 증진시키며 혈액순환을 촉진시키는 등 육체의 모든 부위에 체계적으로 영향을 미친다.

어떤 아사나는 에너지의 균형을 향상시키고 다른 아사나는 특히 근육을 발달시킨다. 반면에 머리로 서는 자세, 어깨로 서는 자세와 같은 역(逆) 자세는 특히 혈액순환과 내분비선을 촉진시켜 우리의 몸을 건강하게 활성화시킨다. 여러 종류의 아사나들은 지압과 침술의 치료기간과 같은 맥락으로 에너지를 자극하여 도와주고 내장을 마사지하며 육체의 제동 부위에 영향을 미친다. 요가의 가장 기본적인 중요성은 긴장 완화에 있으며 나아가 마음과 육체를 새로이 결성시킨다.

하타요가는 긴장완화와 육체 에너지의 활성화 등을 모두 포함하며, 이 두 가지는 육체의 작용과 신체의 균형성을 이루려는 항상성(恒常性) 즉 생체 내의 균형을 유지하려는 에너지의 힘의 결과이다.

육체의 모든 체계는 근육, 신경성 질환, 호흡기 질환, 혈액순환, 내분비물과 면역성 등에 영향을 받는다. 숨쉬기 자세와 프라나야마(호흡법)는 요가의 실행에서 가장 중요하다.

호흡은 육체의 의식적 진행과 무의식중에 진행을 연결하는 고리이기 때문이다. 혈액순환이나 소화와는 달리 산소와 이산화탄소의 교환에 영향을 미칠 수 있을 뿐만 아니라 몸 안의 근육과 신경조직에 영향을 미침으로써 의식적으로 우리는 호흡을 조정할 수 있다. 또한 명상도 중요한 요가수행 중에서 필수적인 부분이다.

명상은 두뇌와 신경조직에 직접적으로 영향을 미치며 의식을 강화시키고 사람들로 하여금 육체와 정신의 필요성을 보다 민감하게 인식하도록 만든다. 요가는 종교를 초월하여 필수적이며 어떠한 종교적 믿음이 없이도 요가를 수행할 수 있다.

요가와 인체건강

외서에 의하면 정밀한 과학적인 연구는 진보된 요가가 심장이나 폐, 신경조직의 기능에 대해서 아주 놀랄만한 제어능력이 있다고 밝혔다. 연구의 실험대상자들은 일정한 시간에 시간당 심장의 박동률과 호흡률을 저하시킨 그들의 능력에 강력한 논증을 했었다. 심지어 누워 있는 환자들의 경우에도 간단한 요가 체위들은 육체적인 효과를 나타냈다.

영국 런던에서 발표한 찬드라 파텔 박사의 고혈압에 대한 연구는 환자들이 요가의 긴장완화를 위한 기술을 실행함으로써 어떻게 육체적인 기능들이 변화하는 지와 심지어 전에는 의식적으로 제어할 수 없었던 생각까지도 포함하여 영향을 미칠 수 있는가를 보여준다. 그 외에도 요가가 많은 질병에 도움이 된다는 일화와 많은 증거들이 과학적으로 증빙되고 있다.

외국의 자료를 살펴보면 3,000건의 조사에서 요가를 배우는 학생들은 요가를 수행하기 전보다 가벼운 병에 덜 걸리게 되었고 신경안정제, 수면제와 다른 형태의 약물에 보다 덜 의존하게 되었다는 주장을 『요가 생화학적 신뢰(캠브리지, 영국)』라는 보고서를 통해 밝혔다. 그 학생들은 응답자들이 질문 받았던 모든 질병들에 도움을 받았었다는 것을 보고했다.

통계에 따르면 등의 통증 98%, 관절염이나 류머티즘:90%, 걱정, 근심:94%, 편두통:80%, 불면증:82%, 신경이나 근육의 질병:96%, 월경 전 긴장:77%, 월경불순:68%, 갱년기의 질병들:83%, 고혈압:84%, 심장병:94%, 천식이나 기관지염:88%, 십이지장궤양:90%, 치질:88%, 비만:74%, 당뇨병:80%, 암:90%, 담배중독:74%, 알코올 중독:100%(본 자료는 보고된 실례의 수에 준 한 것이다.)

그 분석은 등의 통증 같은 어떤 질병들은 요가를 수행함으로써 몇 주일 안에 향상시킬 수 있는 반면에 편두통과 같은 다른 어떤 질병들은 1~2년의 치료 기간이 걸리기도 한다는 것을 나타낸다. 이 실전들은 요가가 활력을 증진시키고 심장의 상태, 고혈압, 천식, 육체적인 문제들과 약물중독에 매우 효과적임을 증명하였다. 일반적으로 요가는 약물복용 감소와 호르몬 분량의 정상화와 육체의 다른 화학적 성분들의 정상화를 유도한다.

연령대에 따른 요가

요가는 남녀노소를 불문한 가족 구성원 누구나 할 수 있는 유익한 수련이다. 어린이의 경우 약간 빠른 템포로 운동을 하면 게임이 될 수 있다. 어린 아이들은 〈물고기자세〉나 〈코브라자세〉 등과 같이 직접 해당 동물 포즈를 취해보는 것을 매우 좋아한다. 필자는 아이들을 지도 하면서 요가가 몸뿐만 아니라 영혼도 자유롭게 하는 것을 경험했다.

인간은 점점 나이 들어감에 따라 각 관절의 가동 범위를 유지하고 넓혀 나가는 것이 점차 중요해진다. 하지만 일부 요가 자세는 수정될 필요가 있다. 만약 요가 수행자가 다리를 꼬고 바닥에 앉는 것이 고통스럽다면, 다행스럽게도 대신 다른 자세를 취할 수도 있다. 하타요가의 상징으로 인기가 높은 〈물구나무자세〉와 같은 포즈가 요가의 핵심은 아니라는 것이다.

연령이나 신체의 장애 때문에 바닥에 앉는 것이 힘들다면 대부분의 자세들을 서거나 의자에 앉아서 해도 된다. 우리가 앉거나, 일어서거나, 움직일 때 자신의 체중이 땅 바닥 어느 곳에 의지하고 지탱하는지 잘 알고 있다면 일상생활의 그 어느 순간에도 떨어져서 다치거나 넘어지는 일이 훨씬 줄어든다. 이러한 원리는 특히 노년기에 들면서 더 중요해진다.

요가수련은 자신의 육체의 능력과 한계를 넘어선 일종의 자기 자신에게 도전할 수 있는 계기를 마련한다. 만약 당신이 한 치의 오차도 용납하지 못하는 완벽주의자라면, 그런 숨 막힐 듯한 완벽주의에서 벗어나게 만들기도 한다. 요가는 이와 같이 발상과 성격, 인간의 본성까지도 바꾸어 놓는다. 이때 절대 자기 자신에게 강요하지 않는 것이 본인에게 이롭다. 요가 자세의 정지 상태에서는 항상 편안하게 긴장을 풀도록 하자. 몸의 이완은 근육에게 긴장을 풀고 길게 뻗으라는 신호를 보내는 것과 같기 때문이다.

3장. NT요가와 호흡

3장. NT요가와 호흡

호흡이 있는 자마다 여호와를 찬양할찌어다. (시편 150:6)

내 안으로의 여행, 호흡의식

요가의 동작은 안으로부터 나오도록 한다. 실제 요가 동작은 숨을 내쉬고 들이마시는 자연스러운 리듬에 따라 이루어진다. 우리의 몸 안에서 숨을 쉬는 것이 바로 요가의 힘의 원천이 된다.

호흡은 생리적이면서 영적인 현실로 그 자체가 우리 인간성의 보이는 부분과 보이지 않는 부분 사이에 멍에이다. 우리는 호흡을 당연시 하는 경향이 있지만 들이마시고 내쉬는 이 일이 우리의 생명을 유지하게 해준다. 또한 이것은 주고받고, 비우고 채우고, 죽고 부활하는 그리스도의 삶의 행적을 상징한다. 요가를 할 때 동작 하나하나 마다 호흡이 동작과 일치하도록 깊이 관심을 기울여야 한다.

각 동작마다 호흡을 의식해야 하며, 그에 따른 호흡 패턴은 호흡의 움직임에 기반을 두고 있어야 한다. 이완이란 긴장을 숨으로 내뱉는 일이다.

명상은 호흡에 주의를 기울이면서 시작하여 긴장을 점차 풀어감에 따라 더욱 부드러워지고 조용해진다.

성인들은 폐의 용량에 비해 극히 일부만 사용하는 경향이 있다.

성인들에게 '깊게 숨을 쉬어보라'고 하면, 십중팔구 어깨가 위로 올라가는 것을 목격하게 된다. 대부분의 사람들이 깊게 숨을 쉬는 일은 복부를 안으로 당기고 가슴을 올리는 것으로 생각하기 때문이다.

그러나 올바른 호흡은 정반대이다. 연기나 성악을 공부하는 사람은 자신이 올바른 호흡법을 다시 배워야 한다는 점을 금방 깨닫는다. 인간의 몸과 정신을 도구로 한 〈그리스도인들을 위한 NT요가〉를 배우려는 사람들도 모두 호흡법만큼은 확실히 알아야만 한다.

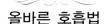

올바른 호흡법

I. 복식호흡

올바른 호흡법을 위한 가장 좋은 선생님은 영아들이다.

등을 대고 누운 아기가 숨을 쉬는 것을 보면, 숨을 쉴 때마다 상반신 전체가 올라갔다 내려온다는 점을 알게 될 것이다.

호흡을 연습하려면 먼저 무릎을 구부리고, 발은 바닥에 평평하게 닫게 하여 바닥에 눕는다. 긴장을 풀어라, 그러고 나서 손을 약간 배꼽 아래 부분에 가볍게 놓는다. 콧구멍을 통해 숨을 쉬면서 숨이 복부에서 나온다고 상상하면, 숨을 들이마시면서 복부를 약간 팽창시켜줘야 함을 느끼게 될 것이다.

몸 전체에 필요한 에너지를 만들기 위해, 복부 안에서 둥근 풍선이 부풀어 오르는 그림을 머리로 그려봐도 좋다. 아니면 물이 아니라, 공기로 된 분수대로, 복부에 기반을 두고 천천히 공기의 흐름을 각각의 사지와 머리 위까지 보내는 그런 분수대를 상상해도 된다.

복부에 생명의 산소가 채워지면 복부 근육이 긴장을 푼다.(실제 몸속에서는 복부가 올려지면 횡격막이 완전히 확장되어, 폐에 공기가 채워지게 된다.) 숨을 들이마시는 일은 너무 세게 하지 않아도 되는데, 우리가 노력해야 하는 부분은 바로 숨을 내쉬는 일이다.

숨을 내쉴 때, 복부에 있는 공기를 밀어서 밖으로 빼듯이 척추를 향해 위 아래로 복부 근육을 수축시킨다. 이 점이 호흡에 있어 처음에 가장 신경 써서 노력해야 하는 부분이다. 복부를 수축시키는 일은 척추 보호에 도움이 되는 강한 근육의 핵심을 만드는데 일조하여, 요가뿐 만이 아니라 전반적인 일상생활의 활동에도 긍정적인 영향을 미친다.

복부로 호흡하는 법을 깨닫게 되면, 서서히 리듬을 타면서 연습하는데, 들이마시면서 넷까지 천천히 세고 내쉬면서 다시 넷까지 센다.

2. 완전호흡

복식호흡이 익숙해지면, 손을 양쪽 흉곽 부분으로 움직인다. 이제, 숨을 들이마시면서 복부를 팽창시키고 나서 풀무처럼, 흉곽이 팽창하도록 한다. 흉곽 양쪽과 앞뿐만 아니라, 뒤쪽까지 팽창시킨다. 손이 움직이는 것을 느끼게 될 것이다.

숨을 내쉬면서, 처음에는 복부 근육을 수축시키고 나서 흉곽이 떨어지게 한다. 만약 복부 호흡을 연습할 때 복부 안에 둥근 풍선을 머릿속에 그렸다면, 이번에는 옆으로 긴 풍선으로, 호흡에 따라 팽창했다가 수축하는 그림을 상상해 보자.

마지막으로, 가슴 윗부분으로 호흡을 끌어올린다. 먼저 복부가 팽창하게 한 뒤, 흉곽, 그러고 나서 가슴 윗부분 순으로 팽창시킨다. 숨을 내쉬면서, 복부를 수축시키면, 흉곽이 떨어지고, 가슴 윗부분이 떨어진다. 몸통 전체를 공기가 채워졌다가 빠져나가는 큰 풀무로 그려 보면 된다.

이렇게 깊이 호흡하는 법을 연습할 때, 숨을 내쉴 때와 들이마실 때 동일한 수를 세면서 연습하되, 중간에 한 순간씩 쉬어 준다. 예를 들어 '1, 2, 3, 4' 하면서 '들이 마시고 중지' 다시 '1, 2, 3, 4' 하면서 내쉬는 식으로 한다.

요가를 하거나 명상을 하기에 앞서 시간을 내어 이렇게 완전히 호흡하는 것을 최소한 10번은 해준다.

3. 정뇌호흡 (Kapalabhati)

카팔라바티(Kapalabhati)는 여섯 크리야(정화수행법) 중 하나이다.

강제로 숨을 쉼으로써 폐의 나쁜 공기를 배출시키고 산소를 가득 차게 하여 호흡기를 깨끗하게 해준 방법으로서 훌륭한 호흡 수행법이다.

산스크리트어로 '두개골정화법' 이라는 의미이며 몸속 산소량을 증가시키는 방법이다. 그 효과는 집중력을 증가시키며 마음을 맑게 해준다.

이 호흡법은 〈들이쉬기〉와 〈내쉬기〉로 이루어지며 마지막으로 숨을 한번 멈추는 과정으로 되어있다. 숨을 내쉴 때는 복부 근육이 조여들고 횡격막이 올라가며 폐에서 공기가 빠져나간다. 내쉬는 호흡은 짧고 강하게 하며, 들이쉬는 호흡에 신경을 쓰지 않는다. 마지막 펌핑(pumping)이 끝난 후 에는 2회 복식호흡을 하고 3번째는 깊게 들여 마신 후 최대한 멈추었다가 가늘고 길게 내쉰다. 이것이 1회전이다. 횡격막의 오르내림은 위장과 심장에 좋은 영향을 준다. 처음에는 20번씩 3회 펌핑으로 실천하고 점차 횟수를 늘려 나중에는 60회까지 할 수 있다.

4. 교대호흡 (Anuloma Viloma)

양쪽 콧구멍을 손가락으로 교대로 막고 들이쉬고, 멈추고, 내쉬는 호흡의 비율을 2:8:4로 한다. 이 호흡법에서는 한쪽 콧구멍으로 숨을 들이 쉰 다음 다른쪽 콧구멍으로 숨을 내쉬게 된다. 왼쪽 콧구멍을 이다(Ida)의 통로라고 부르고, 오른쪽 콧구멍을 핑갈라(Pingala)의 통로라 부른다. 그것은 음에너지와 양 에너지로 이해할 수 있다.

건강한 사람이라면 1시간 50분 동안 이다로 숨을 들이쉬고 핑갈라로 숨을 내쉴 수 있다. 그러나 많은 사람들이 이러한 자연적인 리듬을 방해받는다. 아누로마빌로마는 프라나 양극의 흐름을 조화롭게 하여 균형을 이루도록 한다. 이것은 나디의 중심인 수슘나관을 통하여 프라나를 상승하게 한다. 아누로마빌로마는 아래의 그림에서 보는 바와 같이 6단계로 구성된다. 일반적으로 처음(초보자)에는 3회 반복하고 서서히 20회 정도까지 늘려나간다. 호흡의 비율은 반드시 지키도록 한다.

앞으로 나오는 요가자세를 취할 때, 그 동작들이 호흡이라는 원천에서 나온다고 머릿속에 그려보자. 수행 후에는 반드시 긴장을 풀고 명상을 시작하자.

몸이 더 깊은 휴식 상태에 빠져 들어 호흡이 더 여유 있어지고 약해짐을 느끼게 될 것이다. 긴장을 풀고 자신의 호흡이 생명의 숨을 불어 넣어 주시는 주님에게 바치는 기도, 그런 기도의 리듬이 되도록 하자.

4장. NT요가의 실천

4장. NT요가의 실천

예수는 성전된 자기 육체를 가리켜 말씀하신 것이라.

(요한복음 2:21)

이번 장에서는 직접 요가를 실천과 함께 예배의식에 필요한 환경 및 복장, 마음가짐이나 태도 등에 대하여 설명한다. 이러한 사전준비는 육체적인 평온과 안정을 도모하기 위해 반드시 필요한 준비과정이다. 우리는 몸과 정신이 결합된 존재이므로, 요가를 행함에 있어 육체와 관련된 주변상황도 간과해서는 안 된다. 실제로 주위환경을 비롯하여 요가를 '어떻게' 그리고 '언제' 하느냐에 따라 영향을 많이 받기 때문이다.

물리적 환경

특히 처음에는 조용하고 방해받지 않는 장소가 필요하다. 누구나 별도의 '요가만을 위한 특별한 장소'를 갖추는 사치를 누리지는 못할 것이다. 하지만 매트, 작은 천, 남는 카펫을 사용하여 특별한 장소로써의 분위기를 연출할 수 있다.

만약 카펫이 무겁고 답답하다면 타월이나 천을 카펫 위에 덮어 보자. 또 다른 방법은 작은 담요를 두 겹으로 접어서 사용할 수 있는데, 이완이나 명상 시간 동안 따뜻한 덮개로 활용해도 된다. 요즘에는 많은 수요로 인하여 시중에서 손쉽게 구입할 수 있다.

신선하고 깨끗한 공기는 호흡을 집중하는데 도움이 된다.

만약 기회가 닫는다면, 요가를 실외에서 해도 좋다. 육체와 영혼 사이 뿐 아니라, 자기 자신과 신, 그리고 창조물 모든 것과 연결된다는 교감을 느낄 수 있기 때문이다.

시간

자기 자신에게 시간적인 여유를 두도록 한다.

요가를 하는 만큼은 사막의 오아시스로 생각하되, 평상시처럼 뭔가를 끝마쳐야 한다는 압박감을 떨쳐버리는 것이 바람직하다. 만약 정해진 시간 내에 끝내야만 한다면, 알람을 설정해 두는 방법도 모색할 수 있다. 다만 너무 시끄럽지 않도록 한다.

하루 중 늘 같은 시간을 정해놓고 요가를 하도록 하자. 매일매일 할 수도 있지만 일상이 바쁘면 자전거타기, 산책, 수영과 같이 몸과 마음을 정화시키기 위해 도움이 되는 다른 활동과 요가를 교대로 해도 좋다. 이때도 마찬가지로 요가에서 행해

왔던 기도와 육체를 의식적으로 연결하는 노력을 계속해야 한다. 그렇다면 요가를 언제 하는 것이 가장 좋은가? 본인에게 적합한 시간이라면 언제든지 해도 된다.

식사 후 1~2시간 내에 하는 것은 피한다. 그렇다면 아침 식사 전의 새벽시간이나 정오, 오후 중반부터 후반, 그리고 저녁 이후가 된다.

가장 중요한 것은 자신의 몸에 맞는 시간대를 선택해 요가를 실천하다보면 자신의 몸이 하루 중 언제 가장 유연한지를 알게 된다. 일부 동작들은 처음엔 아침에 행하는 것이 매우 어려웠지만 시간이 점차 흐를수록 적응이 되어가는 것을 느끼게 된다. 또한 오후가 더 편안하게 느껴질 수도 있다. 이런 경우 낮 시간대를 택하는 것이 좋다. 한 가지 당부하고 싶은 것은 몸에 절대 무리가 가지 않도록 하라는 것이다. 몸이 할 수 있을 정도로 하자.

복장

요가복은 몸이 자유로이 움직일 수 있는 것이면 된다.

타이즈처럼 몸에 딱 붙는 옷이나 운동복, 면 소재의 헐렁한 옷 모두 가능하다. 필자는 주로 천연섬유나 천연염색 의복을 전문으로 취급하는 가게에서 헐렁하게 나온 개량한복 등의 바지와 윗옷을 요가복으로 구입하지만, 여러분은 집에서 가까운 곳에서 활동하기에 가벼운 복장을 준비하면 된다.

요가를 하는 동안 방이 따뜻하지 않다면 따뜻한 양말과 스웨터를 항상 준비해 두었다가 필요할 때 입는다. 담요를 활용해도 좋다.

태도

요가에 임하는 태도가 환경이나 시간, 복장보다 훨씬 중요하다.

사실 태도 이외의 것들은 부차적인 것이다. 나 자신을 직시하고 경쟁하지 않는 점이 요가를 하는 데 있어 가장 중요하다. 이러한 이유로 일단 동작을 배우면 대부분의 경우 눈을 감고해야만 나 자신을 직시하는 효과를 배가시킬 수 있다.

다른 사람과 경쟁할 필요가 없다. 본서에 나와 있는 시연자와도 경쟁할 필요가 없다. 간혹 시연자의 유연한 동작 때문에 시작하기도 전부터 요가에 대해 거리감을 느끼는 사람이 많이 있기 때문이다.

눈을 감으면 자신의 몸을 민감하게 자각하는데 도움이 된다. 일단 요가를 익히면, 몸의 신호는 다른 사람의 자세를 따라 하기보다는 자기 몸 안에서 자연스럽게 나오게 된다. 이렇게 자기 자신의 몸을 자각해야만 부상당하는 것을 방지하므로, 이 점은 매우 중요하다. 혹시 수행 도중에라도 만약 지금 당장 그만 두고 싶다고 느낀다면, 그만 두는 것이 좋다. 그리고 불편하다고 느끼는 자세는 바꾸거나 생략한다. 반드시 본인의 한계를 존중해야 한다.

대부분의 요가 자세는 서양의 민첩하고 다이나믹한 체력단련 운동에 비해 속도가 매우 느리다. 절대 서두를 필요가 전혀 없다. 요가를 하는 시간을 오아시스로 생각하라.

그 시간만큼은 신이 자신에게 주신 몸과 가장 깊은 자기 자신에게 집중하는 그런 시간 말이다.

요가를 하는 것은 일이 아니라 기쁨이 되어야 한다. 요가를 즐기자.

말로 하는 기도와 침묵의 기도

그리스도인들을 대상으로 요가를 가르치면서 각각의 동작에 따라 특정한 단어나 구문을 넣는 것이 좋겠다는 의견이 그동안 많았다. 따라서 본서에서는 각 동작마다 성경 구절들을 첫머리에 제시하였다.

그러나 독자 여러분은 자신만의 기도를 마음속으로 반복하고 싶어 할 수도 있다. 만약 요가를 할 때 그러한 의식을 위한 구문들이 도움이 된다면, 각각의 동작에 대해 자기 자신만의 기도를 만들어도 된다. 매번 같은 기도를 하고 싶을 수도 있고 즉흥적으로 할 수도 있다. 어떤 사람은 말이 전혀 필요 없다고 생각할 수도 있다. 그때는 말 대신 침묵의 기도를 하면 된다.

아래는 동작에 따른 구문(만트라 : Mantra)을 위해 몇 가지 예를 들어 본 것이다. 참고하시길 바란다.

삼위일체 : 동작을 하면서 마음속으로 '창조주, 속죄주, 완성주' 라고 되뇐다.

척추이완 : 감사합니다. 신이시여, 흙과 당신의 입김으로 저를 만드시고, 저는 흙과 하늘의 창조물입니다.

나비자세 : 할렐루야! 왕이 오셨다! 삶과 죽음은 매 순간 우리와 함께 계시나, 우리의 희망이시자 속죄주이시라.

앞으로 숙이기 : 신이시여! 나의 머리와 깨달음에 임하소서.

어깨이완 : 그리스도의 멍에는 편안하고 그의 짐은 가볍도다.

척추비틀기 : 오! 신이시여, 당신은 사랑으로 저를 감싸주십니다. 저로 하여금 당신이 저의 앞, 옆, 뒤, 저를 둘러 싼 주위에 있다는 것을 알게 하소서.

반다리자세 : 오! 신이시여, 저를 유순하게 하소서, 그리하여 제가 인생의 굴곡을 잘 헤쳐 나갈 수 있도록 도와주소서.

1. 요가는 자신에게 알맞은 수준으로 절대 무리하지 말아야 한다.

2. 하루아침에 완성자세를 취하려고 욕심을 부리면 오히려 부작용을 초래한다.

3. 반동과 충격은 필히 조심해야할 사항이다.

4. 자신에게 알맞은 프로그램을 짜면 가능한 순서를 바꾸지 말고 그대로 실천한다.

5. 기본자세가 정확하게 취해진 후에 변형체위를 실천한다.

6. 다소 재미가 없거나 쉽다고 느껴지더라도 매일 조금씩 자세들을 즐기면서 실천한다.

7. 요가 동작(아사나)은 〈자세 만들기〉와 〈멈추기〉, 〈풀기〉의 원칙에 맞추어 실천한다.

8. 아사나 자세를 실천할 때는 자세와 호흡과 의식, 삼위일체가 집중되어 수행한다. 멈추기 자세에서는 몸 전체의 긴장을 풀고 차크라에 의식을 집중하여 만트라를 한다.

9. 모든 요가 동작은 몸을 교정해 주기 때문에 멈춤의 상태에서는 움직임이 없어야하며, 긴장을 풀고 내면으로 집중되어져야 한다.

10. 자신에게 알맞은 프로그램을 지도자에게 처방받았으면 꼭 그대로 실천하기 바란다.

11. 자세별 차크라의 만트라 음(音)은 인체의 각 해당 장기에 영향을 미치므로 내면속으로의 진동을 느끼도록 한다.

프로그램 짜기와 지침

본서에 소개한 초보자의 자세를 완벽하게 할 수 있다면 독자 스스로 유사한 변형 체위를 교체하여 실천할 수 있다.

1. 쉬운 〈풀기자세〉로 몸을 이완한다.
2. 〈준비자세〉를 실천한다.
3. 요가자세는 대부분이 짝을 이루며 전후, 좌우, 상하 상반된 동작을 편성한다.
4. 몸의 어느 한부분에 불균형이 있다해서 해당되는 자세들만 실천하기보다는 전체적인 자세로 편성하되 자신에게 병증이 해당된 자세에서 시간의 분배를 더 하거나 횟수를 더 증가시킨한다.
5. 서서, 앉아서, 누워서 등의 동작들을 갑작스럽게 바꾸지 않도록 하며, 충격이나 마음의 산만함으로 신체 리듬에 흔들림이 없도록 주의한다.
6. 몸 전체의 수축과 팽창의 원칙에 따라 물 흘러가듯 자연스럽게 연결동작으로 순서를 정하여 편성해야 한다.
7. 요가의 참뜻은 〈몸과 마음 그리고 영혼의 합일〉이라는 것을 잊지 말고, 요가 자세로부터의 자극점에 의식을 집중하여 가능한 천천히 자세를 취하며 집중한다.
8. 요가 아사나 동작을 모두 마친 후에는 반드시 몸 전체를 이완하여 몸과 마음의 평정을 위해 10분 정도의 충분한 휴식을 한다.
9. 명상의 시간으로 마무리 한다.

   ❀ 본서 아사나 실천 경구들은 필자가 선택한 성경 말씀이므로 독자들은
   자신에게 알맞는 내용으로 교체하여 실천해도 좋다.

그리스도인을 위한 NT요가 프로그램

과정명	동작명	에너지 전달부위
준비자세	1. 책상다리자세 2. 앞숙이기 3. 좌우비틀기 4. 손과팔들어올리기	호흡, 척추
앉아서 하기 /	1. 삼위일체 2. 우주와의 교감 3. 목이완 4. 어깨이완 5. 허리이완 6. 척추이완 7. 내면점검 8. 척추비틀기 9. 측면기울이기 10. 앞숙이기 11. 나비자세1 12. 좌우로숙이기 13. 나비자세2	목, 척추, 어깨, 등, 허리
엎드려서하기	14. 기어가는자세 15. 코브라자세 16. 태아자세	등, 척추

누워서하기	17. 측면다리올리기 18. 누운이완자세 19. 한쪽무릎굽히기 20. 누운태아자세 21. 반다리자세 22. 어깨서기 23. 다리자세 24. 쟁기자세 25. 물고기자세	등, 복부, 갑상선, 목
앉아서하기 Ⅱ	26. 전굴자세 27. 팔뻗어올리기 28. 요가무드라 29. 뒤로젖히기 30. 균형체위	복부, 등근육 이완, 균형유지
서서하기	31. 야자나무자세 32. 서서 측면기울기 33. 서서 허리비틀기 34. 산자세 35. 서서 앞으로 숙이기 36. 서서 뒤로젖히기	호흡, 팔, 옆구리, 앞가슴
태양예배자세	37. 태양예배자세	호흡계, 혈액순환, 집중력
마무리	38. 이완 39. 명상	호흡, 척추, 내분비선

《 순서를 바꾸지 말고 실천한다. 》

1.호흡과 감각 일깨우기 (준비자세)

자연의 이치와 복식호흡

창세기편에 의하면 창조주 하나님께서 에덴동산에 아담과 이브를 탄생하게 하셨다. 자연은 모든 것이 음과 양의 대칭으로 형성된 것을 쉽게 알 수 있다. 하늘과 땅이 그렇고 해가 뜨고 지는 동쪽과 서쪽, 양지와 음지를 이해할 수 있는 남쪽과 북쪽이 그렇다. 요가에서도 모든 동작이 대칭되어 있는데 〈**상, 하, 전, 후, 좌, 우**〉의 움직임이다. 요가 아사나(자세)는 자연의 이치를 따라 모두 6방향의 움직임으로 형성되어 있다. 이를 참고하여 몸과 마음에 균형을 유지해 나가는 수행으로 생각하면 이해가 쉬울 것이다.

(1) 앉는 명상기도 자세 익히기

의식의 집중

호흡, 척추를 바르게 세운다. 〈스와디스타나 차크라〉

앉는 자세를 기본적으로 2가지로 나눌 수 있다. 한쪽다리를 다른 한쪽다리 위에 포개어 앉는 〈책상다리 1〉과 오른발을 왼쪽 허벅지 위에 얹어놓고 왼발은 오른쪽 무릎 위에 올려놓는 〈책상다리 2〉를 예로 들 수 있다.

요가 동작들은 궁극적으로 기도(명상)를 오랜 시간 수행할 수 있기 위한 몸통 만들기 동작으로 본다면 앉는 자세는 기초 자세이면서도 요가의 전체가 담겨져 있는 완성된 자세라 할 수 있다.

〈**책상다리2자세**〉를 취하도록 노력하되, 초보자는 〈**책상다리1자세**〉로 시작한다.

01 바닥에 편안한 자세로 앉아 엉덩이를 뒤로 하고
허리를 앞으로 숙였다가 바로 세운다.

〈책상다리1자세〉

02 허리선과 목의 경추를 바르게 하기위해 턱을 당겨
허리선과 머리 뒷부분이 가능한 수직을 이루도록
바르게 앉는다. 이것은 기의 순환을 원활하게
하기 위함이다.

〈책상다리2자세〉

이 자세는 기(氣) 순환을 돕는다. 우리의 신체를 소우주라고 표현하듯이 우리가 느끼지 못하고 있을 뿐 기의 흐름은 자신도 모르게 흐르고 있다. 대우주의 흐름이 모든 횡성은 태양을 중심으로 하여 주기적으로 타원형을 이루며 순환하고 있는 것을 볼 수 있듯이 우리의 신체도 단전을 중심으로 프라나의 흐름을 확인할 수 있다.

기(氣)의 전통에서는 이를 소주천 회로라고 이야기한다.

(2) 임맥과 독맥

1. 우리 몸의 기(氣)의 흐름은 단전(배꼽의 3인치 아래 부위)을 중심으로 이뤄진다.
2. 그 흐름은 한방에서 이야기하는 임맥혈과 독맥혈인데 임맥혈은 혀에서 회음(성기와 항문사이 지점)까지를 말한다.
3. 독맥은 회음에서 척추를 따라 머리 정수리를 거처 입 천정까지이다.
4. 임맥과 독맥의 순환이 원활하지 않으면 가슴이 답답하고 몸에 균형이 깨져 병증을 일으킨다.
5. 스트레스에 쌓였거나 근심걱정 등 심리적으로 답답함이나 고통이 있어 가슴을 두드리거나 가슴중심 부위를 눌렀을 때 통증을 느낀다면 병증을 의심해 볼 필요가 있다.

(3) 손의 자세

손은 다양한 자세를 취할 수가 있다. 재미있는 것은 손의 자세에 따라 신체에 미치는 효과가 다르다는 것이다. 여기에서는 엄지와 검지 끝을 마주잡아 원을 그리고, 세 손가락을 바르게 편 자세를 취한 후 두 손을 무릎 위에 가볍게 놓는다. 이 자세는 정신집중에 도움을 주는 수인법(手印法) 또는 무드라(mudra) 자세라고 한다.

(4) 긴장된 육체의 이완

1. 머리 정수리부터 발끝까지 긴장된 부위를 이완시킨다.
2. 이마 표피에 긴장을 푼다.
3. 눈은 지그시 감고 코끝을 지나 얼굴 표피의 긴장을 푼다. 누워있는 천진난만한 자식을 어머니가 내려 보듯 평화롭고 충만한 사랑이 넘치는 편안함을 만끽한다.
4. 입술에 긴장을 풀고, 윗입술과 아랫입술은 살포시 띄어 다물지 않는다.
5. 목과 어깨, 등, 가슴, 복부, 골반 대퇴부, 허벅지, 무릎, 다리와 발끝까지 몸 전체의 긴장을 풀어 신체를 자유롭게 해방시킨다.

(5) 호흡의 단계

1. 호흡은 몸과 마음을 이어주는 다리 역할을 한다.
2. 호흡이 진정되고 편안해지면 몸과 마음의 작용이 뒤따라온다.
3. 호기(내쉬는 호흡)에서는 단전부위를 수축시킨다.
4. 흡기(마시는 호흡)에서는 배를 부풀린다. 이때 일부러 내밀 필요는 없다. 수축시킨 것만큼 가볍게 숨을 들이쉬면 된다.
5. 깊고 느리게 10회 정도 호흡을 하다보면 몸과 마음이 편안해짐을 스스로 느낄 것이다.

(6) 주 예수 그리스도와 함께하기

마음의 고요를 찾았으면 예수님을 형상화하여 사랑의 마음으로 4번째 차크라(아나하타 차크라 ; Anahata Chakra)인 가슴에 떠 올린다. 자신의 가슴에 사랑과 평화의 물결이 일렁일 것이다.

나 자신이 주 예수 그리스도와의 은총 속에 하나임을 자각한다. 거룩한 자신의 변화되어진 모습을 상기시켜 세계 인류의 평화를 위하여 사랑과 헌신의 봉사를 할 것을 다짐해 본다.

 **치유효과**

〈책상다리2좌〉로 3시간 이상 유지할 수 있다면 우리 몸의 72,000개의 경락이 열린다고 요기들은 밝힌다.

1. 발목, 무릎, 엉덩이의 경직   2. 넓적다리, 종아리 비만

3. 생식기질환, 비뇨기계, 전립선기능   4. 흉추, 척추염, 요통

5. 심장, 마음의 진정   6. 가슴과 폐기능 활성화

6방 자세와 호흡

(1) 자세와 호흡 방법 익히기

자연에서 방향을 살펴보면 동서남북 그리고 하늘과 땅의 구분을 지을 수 있다. 요가 아사나도 크게 6자세로 나눌 수 있는데 앞으로 숙이고 뒤로 젖히며, 옆으로 젖히고 제자리로 돌아오며 위로 올리고 아래로 내리는 동작이 그것이다. 지금부터 그 방향에 따라 동작을 취하며 기본적인 호흡을 익혀본다.

의식의 집중

호흡, 자극되는 부분

마음 가는 곳에 기(氣)가 가듯 의식의 집중은 그곳에 혈액이 모여 세포의 활성화와 감각이 일깨워진다. 그러므로 요가 아사나 동작 중에는 늘 의식의 집중이 절대적으로 필요한 것이다. 의식을 잃은 자세의 동작은 체조나 일종의 스트레칭일 뿐이므로 진정한 요가라고 할 수 없다.

자세실천 〉〉

〈앞숙이기〉

01 바닥에 편안히 앉아 손바닥을 무릎 위에 올려놓는다.

02 호흡을 고르게 내쉬며 천천히 신체에 미치는 감각을 느끼며 허리를 앞으로 숙인다. 숨을 들이쉬면서 허리를 젖힌다.
이와 같이 기본적으로 앞으로 숙일 때는 내쉬고 젖힐 때 마신다.
(복부의 압박되는 점을 상기한다면 쉽게 이해될 것이다.)

- 준비자세를 실천하며 -

첫 번째는 의식의 집중

기공에서는 의식이 가는 곳에 기(氣)가 모아진다고 한다. 그것은 피(血) 흐름의 원리라고 볼 수 있다. 마음이 가는 곳에 프라나가 모아지고 이때 미세한 혈액 이동이 함께 이뤄진다. 그로 인한 의식의 집중은 집중한 곳의 세포가 활성화되는 원리이다.

두 번째는 호흡 조절

호흡을 마시고 내쉴 때 숨이 찬다고 몰아쉬면 불규칙한 숨결에 의해 내적인 집중은 물론 폐활량의 증가를 기대할 수 없다. 내쉬고 마시는 호흡은 고르고 균등하게 수평을 이뤄 가능한 길게 하도록 집중하여 수행한다.

세 번째는 천천히 느린 움직임

동적인 자세를 취하는 것은 진정한 요가자세라고 볼 수 없으며 의식의 집중을 놓치고 있기 때문에 체조에 불과하다. 천천히 느린 움직임은 내적인 감각을 쉽게 일깨워주며 집중력의 효과를 극대화시킨다.

마지막으로 자세, 호흡, 의식의 삼위일체가 동시에

요가 아사나는 요가의 참뜻대로 실천되어져야 한다. 요가는 합일은 뜻한다. 그것은 몸과 마음 영혼이 하나로 모아져야 하는 것을 말하듯이 항상 요가 동작을 취할 때는 호흡과 자극 되어지는 부위에 의식을 집중하여야 하는 것을 상기시켜 자세, 호흡, 의식의 삼위일체가 되어 행하여져야 한다는 것을 잊지 말아야 한다.

01 앉은 자세로 두 손을 살짝 들고 손가락을 벌린다.

02 호흡을 내쉬면서 허리를 왼쪽으로 비튼다. 허리와 복부 감각을 느끼며 행한다. 호흡을 들이마시며 천천히 제자리로 돌아오며 이완되는 감각을 체험한다.

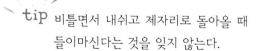 tip 비틀면서 내쉬고 제자리로 돌아올 때 들이마신다는 것을 잊지 않는다.

03 반대편 우측도 동일한 방법으로 감각을 놓치지 말고 동작과 함께 비튼다.

〈손과팔들어올리기〉

01 두 손을 깍지 끼어 앞에 내려 놓는다.

02 허리를 쭉 펴고 숨을 들이마시면서 팔을 높게 치켜
올린다. 내릴 때는 내쉬면서 행한다.
*상 하 대칭으로 대부분 모든 동작이 몸을 올릴 때
마시고 내릴 때는 내쉰다.

2. NT요가의 실천

지금까지 〈NT요가〉를 위한 준비자세 6단계를 모두 실천했다. 이러한 6 방향으로의 자세와 그에 따른 호흡방식을 연습하는 것은 모든 요가 수행자가 본격적인 요가자세에 앞서 반드시 거쳐야 할 과정이다.

복부를 강하고 단단하게 유지하며, 척추 아랫 부분을 항상 지탱할 수 있다.

또한 가급적 정확한 자세를 취하여 부상을 방지하도록 한다.

부디 본서를 자유롭게 활용하여 무한한 신, 성스러운 삼위일체의 하나님 세계를 함께 할 수 있는 은혜로운 시간이 되길 바란다.

● 〈참고〉 각 동작마다 반복되는 〈의식의 집중〉은 매우 중요한 수행과정이다.

소리의 파장을 이용한 만트라는 기도로 사용된 반복되는 단어나 어구이다. 요가자세를

시작하고 끝낼 때 여기 나온 〈동작 만트라〉를 암송한다. 좀더 자세한 것은 〈p.55〉를 참조한다.

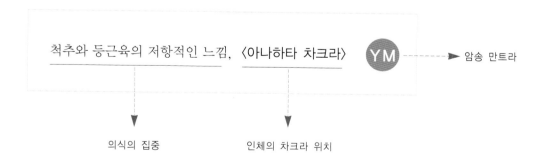

1. 삼위일체

너는 여호와로 바랄찌어다. 강하고 담대하며 여호와를 바랄찌어다.

(시편 27:14)

● **지침**

🌿 부담스럽거나 저항적인 느낌을 만나게 되면 동작을 멈춘다.

일상의 일들을 뒤로하고 마음을 편안하게 열어놓은 상태에서, 어린애와 같은 순수한 마음으로 움직임을 관조하며 사랑이 담겨있는 가슴중심 부위에 집중한다.

의 식 의 집 중
〈아나하타 차크라〉

자 세 실 천 > >

01 척추를 바르게 하여 편안하게 다리를 포개고 앉는다.
머리 정수리에 실이 달려 있어서 보이지 않는 손으로
위로 당겨진다고 상상한다.
척추가 바로 펴지고 키가 자라나는 느낌을 가져 본다.

02 손바닥을 모아 숨을 들이 마시며 위를 보면서,
두 팔을 위로 올린다.

03 손바닥을 어깨 넓이로 벌려 우리의 창조주의 관계를 표현하는 자세로 여호와의 손을 느껴본다.

04 호흡이 차면 숨을 내쉬며 손바닥을 위로 하여, 팔을 어깨 높이까지 양옆으로 내리고, 십자가 모양을 만든다. (십자가는 음양의 결합으로 완벽한 균형을 뜻한다.)

05 숨을 들여 마시며 손을 가슴 중앙 부분을 향해 안으로 가져와 따뜻한 사랑의 축복을 가슴으로 느낀다.(가슴에 양손을 얹어도 좋다)

06 인류에게 사랑을 베푼다는 생각으로 숨을 내쉬면서 손바닥을 위로 하여 앞쪽으로 뻗는다.

07 손바닥을 뒤집어 팔을 앞으로 뻗어 어깨의 긴장을 푼다. 팔을 제자리에 고정시키고 손과 팔을 부드럽게 자각한다.

08 팔꿈치를 고정시킨 후 감각을 놓치지 말고 두 손을 위로 천천히 들어올린다. 천천히 새의 깃털처럼 공기의 저항을 느끼며 두 손을 무릎 위에 내려놓는다. 2~3회 반복할 수 있다.

 치유효과

1. 긴장 및 호흡완화, 스트레스   2. 말로 표현할 수 없는 환희의 용솟음
3. 몸과 마음의 이완   4. 자각과 감성을 일깨우며 집중력 향상

2. 우주교감

기쁨으로 여호와를 섬기며 노래하면서 그 앞에 나갈찌어다. (시편 100:2)

● **지침**

몸 전체로의 흐름을 통해 내면의 평온을 찾도록 한다.

대자연은 자신이 돌아갈 고향임을 인식하여 객체로 떨어져 있는 이유와 자연과 나 자신이 하나됨을 자각한다.

의식의 집중

목 부분, 척추 〈비슈다 차크라〉 HA

자세실천 >>

01
고개를 앞으로 숙인다. 의식을 목 중심부위에 집중하여 따뜻한 감각을 일깨운다. 느껴지는 감각을 척추아래 선골부위까지 팽창시킨다.
느낌을 몸 전체에 팽창시켜 넘쳐나게 한다.
팽창되어짐이 방 전체를 메우고 우주전체로 확장되어감을 자각한다.
피부의 모공을 열어 대자연과 호흡하며 교감을 나눈다.

치유효과

1. 순수함, 침착함, 내적인 조용
2. 맑은 목소리와 능숙한 화술 기술 개발
3. 시를 짓거나 성경을 해석하는 능력 향상
4. 꿈에 숨겨진 메시지를 이해하는 능력
5. 감각적인 내면을 일깨워준다.
6. 자신을 통제하는 능력

3. 목이완

● 지침

 목에 있는 경부 추골을 보호하기 위해 목 돌리기를 하지 않는다.

너는 내 머리에 감람유도 붓지 아니하였으되 저는 향유를 내발에 부었느니라.

(누가복음 7:46)

의식의 집중

목 중심부위 〈비슈다 차크라〉 HA

자세실천 > >

01 호흡을 내쉬며 목을 편안하게 하여, 턱이 가슴을 향해 아래로 떨어지게 한다.

02 머리의 생각을 비우고 턱을 위로 하여 고개를 뒤로 젖힌다.

03 다시 고개를 바로 세우고, 호흡을 내쉬면서
오른쪽으로 고개를 기울인다.

04 다시 호흡을 들이마시면서 바로세운 다음 왼쪽
어깨를 향해 내쉬면서 기울인다.
최소한 3번 반복한다.

 치유효과

1. 목의 경직 완화   2. 갑상선, 기관지 천식기능의 활성화   3. 산만한 마음을 평화롭게 한다.

4. 어깨이완

● **지침**

🍃 일상생활에서 대부분 앞으로의 쓰임이 많으므로 앞쪽으로의 회전은 생략한다.

(목이완 자세 참고)

오직 여호와를 앙망하는 자는 새 힘을 얻으리니 독수리 날개치며 올라감 같을 것이요.

(이사야 40:31)

이 자세는 가능한 천천히 부드럽고 훈훈한 감각을 일깨우도록 한다.

의식의 집중

어깨의 연골부분 〈아즈나 차크라〉 AH

자세실천 >>

01 양손을 무릎 위에 얹고 다리를 포개서 바닥에 앉아 척추가 하늘을 향해 뻗어 가는 것을 느끼며 복부를 이완시킨다.
어깨는 매우 무겁게 느껴지도록 한다.
호흡을 들이마시면서 어깨를 귀쪽을 향해 천천히 위로 올린다.

치유효과

1. 견비통, 어깨 결림, 오십견
2. 팔과 몸을 연결하는 어깨와 어깨 인대의 이완

기타 : 목 이완자세 참고

02 높이 올린 어깨를 잠시 멈추었다가 좀 더 높이 올리려고 한다. 호흡을 내쉬면서 어깨로 원을 크게 그리며, 뒤편으로 돌려 아래로 내린다. 완전히 내린 후 다시 호흡을 들이마시면서 앞으로 원을 그리며 올라온다.
원 그리기를 가능한 천천히 약 1분에 걸쳐 1회 반복하여 3번 이상 실천한다.
동작을 끝낸 후 잠시 앉아서 자신의 감각과 느낌을 팽창시킨다.

5. 허리이완

● **지침**

🦢 정면을 바라
보고 실천하며 고
개를 돌리지 않도
록 한다.

하나님은 나의 돕는 자시라. 주께서 내 생명을 붙드는 자와 함께 하시나이다.

(시편 54:4)

의식의 집중

가슴, 척추 〈마니푸라 차크라〉 **RA**

자세실천 >>

01 편안하게 앉아 양손을 무릎 위에 얹은 다음 팔과 등을 곧게
편다. 척추는 하늘을 향해 계속 뻗는 자세를 유지한다.
그 상태에서 호흡을 내쉬며 아주 천천히 상체를 왼쪽으로
비틀면서 오른쪽 어깨가 앞으로 가고 왼쪽 팔꿈치가 뒤로
가게 한다.

치유효과

1. 등의 상부 결림증, 등 근육의 신장
2. 어깨근육 긴장완화 및 엉덩이 이완
3. 움직임의 끝 부분-목 부위 이완
4. 따뜻한 열기와 감각을 일깨움
5. 정신적, 정서적 안정감 회복

02 왼쪽 손은 무릎 위에 놓고 팔을 굽혀 팔꿈치를 위로 보낸다.
이때 손은 허리의 비틀기에 따라 뒤로 가게 된다. 오른쪽 손은
그대로 똑바로 놓아둔다. 그리고 나서 손을 바꿔 반대쪽도 똑같이
반복한다. 이 동작을 감각이 팽창된 후에 3회 이상 행한다.

6. 척추 이완

● **지침**

🖐 척추의 바로잡
힘은 척추와 연결
된 양다리와 두팔,
그리고 머리가 바
른 자세로 돌아오
는 것이다. 일상생
활에서 척추를 바
르게 하여 생활하
도록 하자.

여호와 하나님이 아담에게서 취하신 그 갈빗대로 여자를 만드시고...
아담이 가로되 이는 내 뼈 중의 뼈요 살 중의 살이라.(창세기 2:22~23)

이 자세의 핵심은 어떤 저항적인 느낌을 만나면 몸이 부드럽게 이완되며, 스트
레스나 긴장이 깨끗이 사라진다는 점을 이해하는 것이다. 척추를 이완하면 척추
를 곧게 하고 넓적다리와 몸 뒷부분의 근육들이 자연스럽게 스트레칭 된다.

의식의 집중

저항적인 느낌, 〈아나하타 차크라〉

자세 실천 > >

01 바닥에 앉아서 양쪽 다리를 교체시켜 편안한 자
세를 취한다. 이때 손끝을 안쪽으로 하여 손바
닥으로 무릎 위에서 밑으로 눌러준다.
허리를 바르게 펴고 팔을 뻗어 척추와 척추
사이가 이완되록 한다.

02 엉덩이를 바닥에 붙인 채 아주 천천히 최대한 앞으로 숙인다. 1~3분 정도 멈추었다가 의식을 골반과 척추의 밑 부분에 집중시킨다. 배를 이완한 다음 부드럽게 코와 입을 통하여 호흡한다.

03 그리고 나서 천천히 다시 일어난다. 허리를 바르게 편 다음 양쪽 어깨가 하늘에서 줄로 당겨 올리는 듯한 느낌을 가져 본다. 동작이 끝난 후 잠시 앉아서 감각이 팽창되는 것을 조용히 느껴 본다.

 치 유 효 과

1. 스트레스, 긴장완화   2. 정서불안, 경직, 산만   3. 탈장예방   4. 무릎관절, 고관절 완화

5. 생리불순 및 임산부의 순산도모   6. 골반 충혈의 경감, 골반기관의 불균형 회복

7. 좌골신경통, 요통   8. 비뇨기와 생식선, 방광의 불균형

7. 내면점검(몸과 호흡, 정신의 합일)

하나님이여 내게 응답하시겠는고로 내가 불렀사오니 귀를 기울여 내 말을 들
으소서.

(시편17:6)

자아를 반영하기 위하여 우리의 의식을 내적으로 기울일 때 새로운 감각이 펼쳐진다. 자신의 내면점검은 감각을 새롭게 하고 잘 조화시키는데 도움이 된다. 어떤 명상이든 기도든 간에 자기점검은 전제조건이 된다. 그것은 마음속의 상념이 완전히 제거된 내적으로 반영된 과정이다.

안정된 호흡을 자신이 하고 있다고 스스로 자각할 수 있다면 어느 순간 자신의 몸과 마음이 평화로움 속에 머물러 있음을 함께 느낄 것이고 더 깊은 곳을 찾을 수 있다면 환희에 찬 소중하고 고귀한 자신의 내면을 만날 수 있을 것이다. 그것을 여호와의 만남으로 이끌어 내도 좋다.

모든 상념으로부터 마음을 비운다. 만약 부정적인 마음에 반영(反影)을 보았다면 긍정적인 것으로 대체시키고 있다는 것을 상상한다. 나 자신을 앎으로서 다른 사람을 알 수 있으며, 자신 스스로에게 내제한 결점을 고치기 전에는 상대방을 비난하지 말라. 오직 자기점검만을 통해서 진정한 통찰력과 지혜로운 삶을 개발할 수 있다.

의식의 집중

〈스와디스타나 차크라〉　**BA**

자세실천 >>

01 〈책상다리1,2〉 중에서 본인에게 적합한 편안한 자세를 취한다.

복식호흡을 하되 가능한 2 : 8 : 4의 비율로 호흡을 실천하여 마시고 멈추고 내쉰다.

 치유효과

1. 예지력, 통찰력   2. 삶의 새로운 방향 모색   3. 긍정적인 태도

8. 척추 비틀기

● 지침

이 자세는 눈을 뜬 채로 한다. 천천히 돌아서 시선이 차례로 각각의 물체를 보면서 각 방향을 응시할 시간을 충분히 가진다면, 〈보면서 하는 명상〉이 될 수도 있다.

사망의 음침한 골짜기로 다닐찌라도 해를 두려워 하지 않을 것은 주께서 나와 함께 하심이라.

(시편 23:4)

이 자세는 아드레날린과 담즙의 분비를 제어하며 소화기관을 마사지한다. 또한 등에 있는 안쪽 근육을 강화시켜 굽은 어깨, 허리, 나쁜 자세를 바로잡아 준다. 어느 정도 유연성이 회복되면 자세를 멈춘 상태에서 복식호흡을 하며, 내쉴 때 깊은 자세를 취하여 복부와 허리의 마사지를 강하게 할 수 있다.

의식의 집중

척추의 바로 잡히는 자세, 호흡 시 복부의 움직임 〈마니푸라 차크라〉 **RA**

자 세 실 천 >>

01 〈책상다리1좌〉나 〈책상다리2좌〉로 앉는다.
척추는 하늘을 향해 계속 뻗어가는 바른 자세를 유지한다.
숨을 들이마신 후 내쉬며 어깨를 오른쪽으로 돌려, 몸 전체가 이 동작을 따르도록 하고, 시선은 몸통이 돌아간 쪽 어깨 너머를 본다. 이렇게 비틀어질 때 왼쪽 팔과 어깨가 따라가도록 한다.

02 본래의 자세로 돌아오면 척추가 위로 뻗어 있다고 느끼는 시간을 잠시 가진 후, 어깨는 무겁게 축 늘어지고 손은 손바닥을 아래로 하여 무릎 위에 둔다. 이제 (〈만약 책상다리2좌〉로 앉았다면 다른 쪽 다리로 바꿔) 다른 방향으로 자세를 취한다. 한 번 더 반복한다.

치유효과

1. 척추 유연성 기름　　2. 요통, 등과 허리의 관절염　　3. 교감 신경계를 촉진

4. 방광, 비장, 신장 강화　　5. 변비, 소화불량, 천식　　6. 관절염, 척추염, 요통

내가 여호와의 집에 영원히 거하리로다.(시편 23:6)

의식의 집중

늑골 및 늑골거근 〈아나하타 차크라〉

자세 실천 >>

01 바른 자세에서 호흡을 가다듬는다.
오른쪽 손바닥을 골반 옆에 내려 팔꿈치를 바닥에 밀착시킨다.
호흡을 들이마시며 왼손을 천천히 위로 뻗어 올리고 내쉬며 오른쪽으로 젖힌다. 1분 이상 머물러 자극되는 부위에 의식을 집중한다.
반대로 실천한다.

 치 유 효 과

1. 전굴과 후굴의 불균형 완화   2. 허리, 팔, 복부 지방감소   3. 옆구리, 가슴 측면근육의 확장
4. 호흡능력증대   5. 좌골신경통, 척추염, 관절염   6. 위, 장, 호흡기질환

10. 앞으로 숙이기

땅의 모든 끝이 여호와를 기억하고 돌아오며 열방의 모든 족속이 주의 앞에
경배하리니.

(시편 22:27절)

● **지침**

앞으로 숙일 때 호흡은 정상적으로 하면서 지나치게 무리하지 않는다.

이 자세는 복부를 마사지하여 복부의 모든 기관을 강화시킨다. 욕심을 부려 더 깊이 숙이려고 고개를 먼저 숙이면 등이 굽어진다. 허리선을 곧게 뻗어 세우고 복부가 허벅지에 먼저 닿도록 주의를 한다.

의식의 집중

등의 유연성, 복부 마사지, 골반 및 오금 〈스와디스타나 차크라〉 **BA**

자세실천 〉〉

01 양 다리를 몸 앞으로 쭉 뻗어 바닥에 앉은 후 척추가 하늘을 향해 뻗어 자라는 것처럼 느낀다.
오른쪽 다리를 구부려 본인에게 편안한 왼쪽 허벅지 부분에 오른쪽 발바닥을 붙인다.
바른 자세로 앉은 허리선과 뻗은 다리와 접은 오른쪽 다리 사이의 자세 모두가 바닥에서 직각이 되도록 한다.

02 숨을 들이마시며 몸 앞으로 양팔을 들어 머리 위로 올리고 시선은 앞을 향한다.

03 숨을 내쉬며 앞으로 숙여 가슴과 다리를 맞닿게 한다.

복부 근육을 수축시키고 골반을 접어 팔은 왼쪽 발을 향해 뻗는다.

어깨가 무거워짐을 느끼고 호흡을 내쉴 때 복부를 수축시키면 다리 쪽으로 몸이 점점 더 낮춰진다는 점을 깨닫게 될 것이다.

숨을 들이마시며 복부 근육을 수축시키고 나서, 팔을 하늘 위로 쭉 펴 올리면서 다시 처음 자세로 돌아온다.

다리를 바꾸어 반대쪽도 실천한다.

치 유 효 과

1. 소화불량, 변비   2. 골반기관의 울혈, 생식선 및 냉증   3. 허리, 오금근육의 유연성

4. 관절염, 척추경직 해소   5.척추, 신장, 췌장, 간장, 비장

11. 나비자세1

주께서 내 마음에 두신 기쁨은 저희의 곡식과 새 포도주의 풍성할 때보다 더하니이다.

(시편 4:7)

이 자세를 행할 때 중요한 것은 어떤 저항적인 느낌을 만나면 몸이 부드럽게 이완되며 스트레스나 긴장이 깨끗이 사라진다는 점을 이해하는 것이다.

의식의 집중

저항적인 느낌, 〈스와디스타나 차크라〉

아사나 중에는 동물 이름을 따서 붙인 것이 많다. 나비자세라고 불리는 이 경우가 그렇다. 나비의 일생을 보면, 애벌레에서 누에고치가 되었다가, 나중에 날개가 달린 나비가 되는데, 종종 부활의 상징이 되곤 한다. 어둠에 갇혀 있고 땅이 가장 척박하다고 느낄지라도 우리에게 믿음을 주는 예수 그리스도의 희망을 뜻한다.

이 자세는 넓적다리와 몸의 뒷부분의 근육들이 자연스럽게 스트레칭 되면서 척추가 곧게 펴지고 골반 충혈의 경감과 골반기관의 불균형을 정상화시킨다.

자세실천 › › ›

01 바닥에 앉아서 양쪽 발바닥을 맞붙이고 양쪽 발을 가능한 멀리 뻗는다. 이때 손은 양 발목을 감싸 쥔다.
허리를 바르게 펴고 팔을 뻗어 척추와 척추 사이가 열릴 수 있도록 한다.

02 엉덩이를 바닥에 붙인 채 아주 천천히 최대한 앞으로 숙인다.

1~3분 정도 숙이고 있다가 의식을 골반과 척추의 밑 부분에 집중시킨다.

배를 이완한 다음 부드럽게 코와 입을 통하여 호흡한다. 그리고 나서 천천히 다시 일어난다.

허리를 바르게 편 다음 양쪽 어깨에 하늘에서 줄로 당겨 올리는 듯한 느낌을 가져본다.

실기가 끝난 후 잠시 앉아서 감각이 팽창되는 것을 조용히 느껴본다.

 치유효과

1. 탈장   2. 정서불안, 경직, 산만, 스트레스   3. 신장, 방광, 전립선, 생식선

4. 무릎관절과 고관절 완화   5. 좌골신경통, 요통   6. 생리불순 및 임산부의 순산도모

12. 좌우로 숙이기

● **지침**

다리를 넓게 벌리는 것보다 척추를 꼿꼿하게 유지하는 것이 더 중요하다. 자신의 몸에 따라 다리 벌리기를 조절한다.

하나님이 해를 위하여 하늘에 장막을 베푸셨도다. (시편 19:4)

이 자세는 복부기관을 마사지하여 골반부위가 확장되면서 척추를 강화시키고 경직을 풀어준다.

의식의 집중

몸의 측면확장 〈물라다라 차크라〉 LA

자세실천 > >

01 바닥에 앉아서 다리를 넓게 V모양으로 벌리고 척추는 가능한 한 곧게 한다.

02 팔을 몸 앞으로 가져와서 숨을 들이마시며 머리 위로 하늘을 향해 쭉 뻗는다.

03 숨을 내쉬며 앞으로 약간 뻗고 나서 오른쪽으로 몸을 숙인다. 이때 오른쪽 귀가 오른쪽 무릎 쪽으로 향하게 한다.

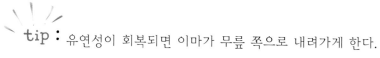

04 다시 숨을 들이마시며 처음 자세로 돌아와 하늘을 향해 스트레칭한다. 이번에는 숨을 내쉬며 약간 앞으로 구부리고 나서 왼쪽으로 숙인다. 왼쪽 귀는 왼쪽 무릎을 향하고 팔은 발을 향해 쭉 뻗는다. 숨을 들이마시며 처음 자세로 돌아온다. 양 방향으로 반복한다.

 tip : 유연성이 회복되면 이마가 무릎 쪽으로 내려가게 한다.
완성자세에서 괄약근을 조인다.

치유효과

1. 부신, 췌장, 생식선 정화

2. 허리, 종아리, 넓적다리의 비만

3. 다리 및 사지관절의 강화, 관절염, 요통

4. 신장, 방광, 자궁, 전립선 질환

5. 위, 간, 비장질환

13. 나비자세2

자세는 10항의 〈나비자세1〉과 동일하다. 단, 두발을 골반 쪽으로 가깝게 하여 좀 더 강하게 경직을 풀어준다. 의식의 집중과 효과도 동일하다.

자 세 실 천 >>

14. 기어가는 자세

사자가 그 굴헐에 엎드림 같이 저가 은밀한 곳에 엎드려 가련한 자를 잡으려고 기다리며 자기 그물을 끌어 가련한 자를 잡나이다.　(시편 10:9)

이 자세는 몸의 편안함과 가벼움을 가져다준다.

● **지침**

🌙 복부를 수축시킬 때 선골을 복부쪽으로 당겨 괄약근을 조인다.

의식의 집중

허리의 유연성, 호흡 〈비슈다 차크라〉

자세실천 › ›

01 먼저 양손과 무릎을 수직으로 바닥에 대고 엎드려서 등은 평평하게 한다.

02 숨을 깊이 들이마시며 고개를 들어올리고, 엉덩이를 치켜 올려 허리 부분을 아래로 내린다. 시선은 위를 향하는데, 턱과 꼬리뼈는 모두 하늘을 향해 쭉 뻗는다.

03 숨이 차면 내쉬면서 척추를 위로 하여 아치 모양을 만든다. 목도 척추의 일부분이므로 턱을 가슴에 밀착시키고 아랫배를 수축시켜 자세를 취한다.
그리고 나서 아치의 커브를 다시 반대로 만든다.
적어도 3번 이상 반복한다.

 치 유 효 과

1. 허리의 유연성 회복   2. 고르지 못한 호흡, 가슴답답증
3. 기관지, 감기, 천식   4. 장기 마사지   5. 신경불안

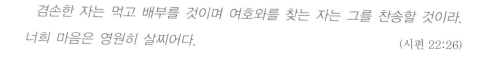

15. 코브라자세

● 지침

등의 경직을 풀기 위해 아래의 자세를 1차적으로 실천한 후, 2단계로 〈코브라자세〉를 실천할 수 있다.

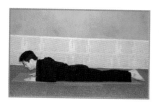

겸손한 자는 먹고 배부를 것이며 여호와를 찾는 자는 그를 찬송할 것이라. 너희 마음은 영원히 살찌어다.

(시편 22:26)

이 자세는 등에 있는 내외부 근육을 모두 강화시키고 마사지하여 척추에 있는 신경과 근육에 활력을 불어넣고 척추의 유연성을 증가시킨다. 여성의 경우 난소와 자궁을 부드럽게 하여 각종 여성 질환을 치료하며, 호흡계 질환에도 좋다.

의식의 집중

등의 유연성, 호흡 〈스와디스타나 차크라〉 **BA**

자세실천 >>

01 배를 바닥에 대고 엎드려 이마를 바닥에 붙인다. 손은 양쪽에 각각 놓고, 손바닥을 아래로 하여 팔꿈치는 바닥에서 뗀다. 숨을 들이마신 후 다시 숨을 내쉬면서 머리와 등 윗부분을 들어올린다.

tip : 허리보다는 등의 윗부분이 커브를 그려야 한다. 익숙해지면 등을 약간 더 들어 올려도 된다. 이때 몸의 중심을 잡기위해 손을 사용해야 하며, 의식적으로 위로 강하게 밀지 않도록 주의해야 한다.

02 등을 아치 모양으로 만들면서 뒤로 젖혀 잠시 유지한다. 두 다리는 계속 붙인 상태를 유지한다. 다시 턱을 당겨 이마가 바닥에 닿게 하고 목 뒷부분이 쭉 펴지게 한다.

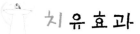

치유효과

1. 척추를 곧게 펴 준다.   2. 목소리장애, 기관지 천식   3. 골반, 요통, 좌골신경통, 디스크

4. 생리통과 변비   5. 갑상선, 부갑상선 장애, 당뇨병

16. 태아자세

너희로 내안에서 평안을 누리게 하려함이라. (요한복음 16:33)

우리가 태어나기 전 태아인 상태로 어머니 뱃속에서는 음양의 구분 없이 중성의 상태로 복수에 둘러싸인 평온한 상태이다. 깊은 이완 자세를 취한다.

의식의 집중

호흡, 척추, 간 〈마니푸라 차크라〉 **RA**

자세 실천 > >

01 무릎을 꿇고 몸을 바싹 움츠려 앞으로 엎드린다.
이때 이마는 바닥에 닿게 하고 몸을 전체적으로 둥글게 접는다.
팔은 옆구리를 따라 발치에 둔다.
이 자세로 잠시 휴식하며, 허벅지 위로 바싹 웅크린 복부로 호흡을 느낀다.
어깨 및 온몸의 긴장을 풀고 조금씩 척추간이 열리고 있다는 상상을 하며, 아늑한 어머니 뱃속에 머물고 있음을 자각한다.

 ## 치유효과

1. 육체적, 정신적 피로   2. 척추, 무릎, 엉덩이, 발목의 경직   3. 뇌, 머리, 목의 혈액순환

4. 부신과 취장, 복부기관 강화   5. 생리통, 생리불순   6. 육체적 정신적 피로회복

7. 천식, 당뇨, 고혈압

17. 측면 다리 올리기

● 지침

초보자도 근육의 통증이나 결림을 느낄 수 있다. 가볍게 흉내 내는 정도로 실천하여 유연성을 늘려간다.

이 자세는 슬와근이 확장되어 사지관절이 강화된다. 또한 내분비선의 혈액순환이 향상된다.

의식의 집중

단전부위, 자극되는 허벅지와 다리, 호흡 〈스와디스타나 차크라〉 **BA**

자세 실천 >>

01 오른쪽 옆구리를 바닥에 대고 누워, 몸을 머리에서 발끝까지 최대한 일자가 되게 한다.

02 오른쪽 팔을 구부려 팔꿈치를 바닥에 기대고, 머리를 손바닥으로 받친다. 왼쪽 손바닥은 가슴 앞 바닥에 댄다. 만약 균형을 유지하기 어렵다면, 오른쪽 다리를 뒤로 살며시 구부려도 된다.

03 이제 왼쪽 다리를 하늘을 향해 천천히 들어 올렸다 내린다.
이때 사진처럼 왼손으로 잠시 잡고 있는다.
이 동작을 2~3회 반복 후 다음 동작으로 들어간다.

04 왼쪽 발을 오른쪽 무릎 앞에 세우고 오른쪽
다리를 위로 반복하여 들어 올린다.
반대쪽 방향도 실천한다.

치유효과

1. 관절염, 좌골신경통   2. 탈장 예방   3. 등의 통증 감소   4. 긴장 및 스트레스

5. 복부와 폐 기능 강화   6. 팔과 다리의 부종, 수종   7. 자궁, 방광, 고환, 난소, 전립선 질환

8. 고혈압, 위궤양, 결장염, 대장염

18. 누운 이완자세

내가 누워 자고 깨었으니 여호와께서 나를 붙드심이로다.(시편 3:5)

이 자세는 요가 자세 중에서 가장 쉬워 보이지만 가장 어려운 수행 자세이기도 하다. 어떠한 자세실천 이후에 행하는 점진적인 이완의 시간은 반드시 필요하다. 이완은 그 자체로 기도의 한 형태이다. 우리가 의지할 만한 주님께 모든 것을 맡기고 있음을 인정한다는 믿음을 나타낸다. 신체적인 이완을 통해, 항상 통제되어야만 한다는 강박관념에서 벗어나, 영적이고 심리적인 이완을 배울 수 있다. 근육의 긴장을 없애면 영혼에서 근심도 없앨 수 있다. 몸 전체를 부분적으로 긴장을 주었다 이완을 한다.

● **지침**

🕯 모든 것을 풀고 마음의 고요한 호수 속으로 빠져본다.

의식의 집중

복부 〈스와디스타나 차크라〉 **BA**

자 세 실 천 >>

01 한 동작의 자세를 취한 뒤에는 점진적인 이완 시간이 필요하다.

두발을 어깨넓이로 벌리고 누워 두 손은 골반 양쪽에 놓는다. 이때 손바닥이 위를 향하게 한다. (만약 등에 통증이 있다면 무릎을 구부려도 된다.) 이완을 위해서는 몸을 솔이나 담요로 덮어서, 몸의 체온과 아늑함을 유지한다.

정상적으로 호흡하지만, 복부 주위에 의식적으로 호흡을 집중시킨다.

조금이라도 긴장된 신체 부위가 있는지 다시 확인하고, 만약 있다면 긴장을 풀어서 이완시킨다. 각 장기는 물론 정신도 이완된다고 생각한다. 호흡에 의식을 집중하여 들어오고 나가는 것을 지켜본다.

치유효과

1. 육체적, 정신적 피로
2. 불면증, 긴장, 불안, 정신적 스트레스
3. 고혈압, 저혈압 환자
4. 복부기관 완화
5. 호흡기 질환

19. 한쪽 무릎 굽히기

하나님이여 주는 나의 하나님이시라. 내가 간절히 주를 찾되 물이 없어 마르고 곤핍한 땅에서 내 영혼이 주를 갈망하며 내 육체가 주를 앙모하나이다.

(시편 63:1)

● **지침**

목에 통증이 없다면 머리를 가슴쪽으로 들어 올려 무릎에 닿도록 변화를 준다.

의식의 집중

골반부위 〈물라다라 차크라〉 LA

자세실천 >>

01 다리를 바닥에 쭉 펴고 누워 숨을 들이마신다.
숨을 내쉬며 왼쪽 무릎을 구부려서 가슴 쪽으로 당긴다.

02 오른쪽 다리는 가능한 바닥에 밀착시킨다.
반대쪽 다리에도 반복한 후 각각의 다리에 대해
다시 한 번씩 실천한다.

치유효과

〈누운 태아자세〉
참고 p.119

20. 누운 태아자세

● 지침

무릎을 가슴 쪽으로 껴 안은 채 등을 바닥에 대고 구를 수도 있다.

이 자세는 등 아래 부분을 이완시키는데 효과적이다.

의식의 집중

압박되어지는 복부 〈스와디스타나 차크라〉 **BA**

자세 실천 >>

01 자리에 편안하게 눕는다.
호흡을 내쉬며 두 다리를 들어 올려, 가슴 쪽으로 당겨 무릎을 감싸 안는다. 이 자세에서 가볍게 호흡하며 좀 쉬도록 한다.

02 좀 더 깊은 자세로 상체를 말아 올린 자세를 취한다. 복식 호흡을 할 때, 자극되는 부위에 의식을 집중하면서 감각을 느낀다.

치유효과

1. 무릎, 엉덩이, 팔꿈치, 손가락관절 이완   2. 복부 넓적다리, 팔의 비만

3. 척추, 목 근육강화   4. 가스제거, 트림, 변비, 대장염   5. 당뇨병, 관절염

21. 반다리자세

*내가 주께 감사하옴은 나를 지으심이 신묘막측하심이라 주의 행사가 기이함을
내 영혼이 잘 아나이다.*

(시편 139:14)

의식의 집중

복부, 골반 〈스와디스타나 차크라〉 **BA**

자세 실천 > >

01 등을 바닥에 대고 편안하게 눕는다.

02 숨을 내쉬면서 복부 근육을 안과 위로 끌어당기면서 등의 허리
를 바닥으로 누른다. 3~4초간 그 자세에서 멈췄다가 풀어준다.
2회 반복한다.

03 두 무릎을 어깨 넓이로 벌려서 세우고 숨을 들이마시며 골반을 들어 올려 두 손
을 손바닥이 안으로 향하게 하여 허리를 받친다. 잠시 이 자세를 유지하다가,
손바닥을 바닥에 대고 더 높이 들어 올린다.

04 가장 윗부분인 경추부위에서 시작하여, 등뼈 하나씩 천천히 아래
로 바닥에 대어지는 감각을 놓치지 않으며 천천히 내린다. 등이
바닥으로 돌아오면, 머리를 양 옆으로 살며시 돌려서 목의
경직을 풀어준다. 가능한 한 번 더 반복한다.

 치유효과

1. 넓적다리와 팔의 비만   2. 요통   3. 호흡기능 향상 및 천식, 기관지염
4. 생식선, (부)갑상선   5. 불면증, 집중력부족, 우울증   6. 복부 및 골반 마사지

22. 어깨서기

중심에 진실함을 주께서 원하시오니 내 속에 지혜를 알게 하시리이다.

(시편 51:6)

● **지침**

🍃 자세를 실천하기 전에 반동이나 충격을 받지 않도록 한다.

　　이 자세는 온몸에 영향을 주는 아사나로 전신에 활력을 불어넣고 젊음을 소생시킨다. 가슴에 턱을 밀착시키므로 목을 눌러주어 갑상선을 자극하고 척추의 상단부와 목의 근육을 늘려 준다. 또한 폐의 상부를 압박하여 강제로 복식호흡을 하게 하는 효과도 있다. 초기에는 꽉 죄는 듯한 답답함을 느낄 수 있으나 점차 적응이 될수록 익숙해질 것이다.

의식의 집중

척추의 상단부, 목근육, 복부 〈비슈다 차크라〉　HA

자 세 실 천 >>

01 두 다리를 모으고 바닥에 눕는다.

치유효과

1. 신장질환, 뼈와 관련된 각종 질병
2. 근육, 목, 척추 강화와 탄력성
3. 정맥류, 갑상선
4. 심장 마사지, 혈액정화 및 순환증진
5. 정신적인 나태함 예방
6. 불면증, 우울증
7. 생리통, 부인과 질환

02 손바닥으로 바닥을 밀면서 천천히 다리를 들어올린다. 이때 숨은 들이쉰다. 엉덩이를 서서히 들면서 발을 머리 뒤로 약 45도로 넘긴다. 숨을 내쉬며 팔을 구부려 몸을 지탱한다. 가능한 허리 가까이 받쳐주되 엄지손가락은 앞쪽을 나머지 손가락은 등을 감싼다.

03 척추는 바로 세우고 다리와 몸을 수직으로 만든다. 턱을 강하게 당겨 가슴에 밀착시키고 천천히 숨을 쉰다. 목을 압박하면서 어깨로 서며, 몸을 수직으로 세우기 위해 팔을 어깨 쪽으로 바짝 당겨 몸을 지탱한다. 호흡을 천천히 하며 얼마간 서 있다가 다리를 내리며 발의 긴장을 푼다.

tip : 다리를 내릴 때(풀 때)의 유의사항

· 자세를 풀 때는 먼저 올려진 다리를 45도 정도 내린다.

· 양쪽 손바닥으로 바닥을 짚고 척추 뼈 하나하나를 바닥에 닿도록 하여 감각을 놓치지 않고 천천히 풀어 내린다.

· 척추 전체가 바닥에 닿아 다리와 직각을 이룰 때의 느낌을 기분 좋게 느끼며 한두 호흡 정도 멈춘 후 숨을 천천히 내쉬며 다리를 내린다.

· 중요한 것은 다리를 내릴 때 무릎은 항상 일직선을 유지해서 복부에 의식을 집중시킨다.

23. 다리자세

왕이 여호와를 의지하오니 지극히 높으신 자의 인자함으로 요동치 아니하리이다.

(시편 21:7)

의식의 집중

복부, 골반 〈스와디스타나 차크라〉 BA

자 세 실 천 > >

01 〈반다리자세〉와 동일한 방법으로 실천한다.

〈반다리자세〉 상태에서 오른발과 왼발을 뻗어 중앙으로 모은다.

두발 모으기가 어렵다면 발과 발 사이를 어깨넓이로 시작하여 점차 좁혀나간다.

 치 유 효 과

1. 넓적다리와 팔의 지방   2. 요통   3. 호흡기능 향상 및 천식, 기관지염

4. 생식선, (부)갑상선   5. 불면증, 집중력부족, 우울증

24. 쟁기자세

여호와께서 그 터를 바다 위에 세우심이여 강들 위에 건설하셨도다.

(시편24:2)

이 자세는 척추 근육과 인대를 스트레칭시켜 척추 간(間)이 열려 척추 전체에 원기를 불어넣어 준다. 이로써 척추 신경에 영양분이 공급된다. 또한 내부 장기를 마사지한다.

처음에는 발끝이 바닥에 닿지 않을 수도 있으나 유연성이 향상될수록 발의 무게 때문에 쉽게 닿게 된다. 자세를 풀 때는 척추의 감각을 놓치지 말고 마디마디가 제자리에 맞춰지는 것을 자각하며 실천한다.

● **지침**

🦶 척추의 감각을 끝까지 놓치지 않는다.

의식의 집중

등 근육의 이완, 복부, 호흡, 갑상선 〈마니푸라 차크라〉　**RA**

자세 실천 > >

01 손바닥을 골반 옆 바닥에 대고 누워 숨을 들이쉬면서 다리를 위로 올린다.

02 숨을 한번 내쉬었다가 다시 들이쉬면서 엉덩이를 들어 올린다.
팔꿈치를 가능한 가깝게 하여 손으로 허리를 받친다. 무릎을
굽히지 않은 상태로 다리를 머리 뒤로 넘긴다.
만약 발이 닿지 않으면 좀 더
깊은 숨을 쉰다.

03 발이 머리 뒤쪽 바닥으로 가능한 멀리가도록
한다. 발가락은 안으로 향하게 하고 몸통을 밀어
올리면서 엉덩이는 뒤로 민다. 두 손바닥을 편편
하게 등 뒤로 뻗는다. 호흡은 천천히 깊게 한다.

 치유효과

1. 경추(목), 요추의 이완(요통)   2. 등, 어깨, 팔 근육 강화   3. 소화불량, 변비해소   5. 비만, 불면증

4. 간과 비장의 활동촉진   6. 정신적 긴장, 우울증   7. 갑상선, 뇌하수체, 부갑상선

25. 물고기자세

기쁨으로 여호와를 섬기며 노래하면서 그 앞에 나아갈찌어다. (시편 100:2)

● **지침**

🤚 허리보다는 등 부분을 최대한 들어 올려 굽은 등의 불균형을 바로 잡도록 한다.

이 자세는 목의 부갑상선을 자극하여 충치를 예방하고, 뼈의 강도와 유연성을 높인다. 턱을 밀고 등을 들어 올릴수록 경부, 흉부, 요추를 마사지 하여 혈액순환이 촉진된다. 또한 송과체와 뇌하수체를 자극하여 기분을 조절하고 감정을 차분하게 다스린다. 또한 깊은 호흡을 통해 흉부를 팽창시켜 폐활량을 증가시킨다.

의식의 집중

호흡, 등 〈비슈다 차크라〉 HA

자세 실천 › ›

01 편안하게 바닥에 눕는다.
두 다리를 붙이고 두 손을 골반 옆에 둔다.
무릎을 세우고 골반을 들어 올려 손바닥을 골반 아래에 두고 두 다리를 뻗는다.

02 팔꿈치를 허리 안쪽으로 하고 상체를 들어 올려
고개를 뒤로 젖혀 정수리를 바닥에 댄다.
턱을 위쪽으로 밀어 준다.

 치 유 효 과

1. 굽은 어깨   2. 폐활량의 증가   3. 기관지 천식 완화   4. 긴장, 스트레스

26. 전굴자세

● 지침

머리를 먼저 숙이면 등이 굽어지므로 가능한 몸통을 앞으로 밀어내밀도록 한다. 이 때 무릎과 척추가 굽지 않도록 한다.

온 땅이여 여호와께 노래할찌어다. (시편 96:1)

이 자세는 신장, 간, 췌장 등을 부드럽게 마사지하여 간과 비장이 확장되지 않도록 한다. 또한 탄수화물 신진대사와 혈당량을 조절하는 췌장의 기능을 제어시킨다.

의식의 집중

복부, 등근육의 이완 〈스와디스타나 차크라〉 **BA**

자세 실천 >>

01 양다리를 앞으로 뻗는다.

02 두 손을 모아 위로 들어 올려 허리를 바르게 편다.

03 호흡을 내쉬면서 등을 굽히지 말고 복부가 허벅지에 먼저 닿을 수 있도록 앞으로 숙인다. 여유가 된다면 인지로 엄지발가락을 감아쥐고 양 팔꿈치를 무릎 밖으로 내린다. 복식호흡의 내쉬는 호흡에 복부를 수축시켜 자세가 깊어지는 것을 느껴본다.

치유효과

1. 등근육의 이완, 허리 부위의 비만
2. 비뇨생식기, 신장질환
3. 변비, 소화불량, 치질
4. 요통, 관절염, 고혈압, 심장질환
5. 엉덩이 관절의 유연성 증가
6. 당뇨, 대장염, 위궤양

27. 팔 뻗어 올리기

● **지침**

 뻗어 올린 두 팔이 양쪽 귀에 닿도록 확실하게 뻗는다.

영화와 존귀로 관을 씌우셨나이다. (시편 8:5)

의식의 집중

복부의 수축과 팽창 〈스와디스타나 차크라〉　**BA**

자세실천 >>

01 숨을 들이마시며 두 손은 깍지를 낀 채 손바닥을 위로 떠밀듯이 팔을 쭉 펴 올린다. 복부가 수축될 수 있도록 최대한 더 뻗어 올린다.

치유효과

1. 오십견통, 어깨 결림
2. 고르지 못한 호흡
3. 목 부분의 불쾌감 해소

02 그런 다음 아주 천천히 감각을 놓치지 말고 숨을 내쉬며 손을 머리 뒤로 내린다. 3~5회 가량 반복한다. 마지막 회에는 두 손의 깍지를 풀어 숨을 내쉬면서 천천히 감각을 느끼며 팔을 좌우로 내린다.

곧 너희에게 하늘로써 비를 내리시며 결실기를 주시는 선한 일을 하사 음식과 기쁨으로 너희 마음에 만족케 하셨느니라. (사도행전 14:17)

이 자세는 가슴 부분을 펴게 하고 스트레칭하게 한다. 팔과 어깨의 경직을 풀기 위해 팔을 최대한 젖힌다. 앞으로 숙일 때는 얼굴을 바닥에 수평으로 하여 머리 쪽에 혈액이 모아질 수 있도록 팔을 잔뜩 치켜 올린다.

의식의 집중

목 중심부위, 팔, 가슴 〈비슈다 차크라〉 **HA**

자 세 실 천 > >

01 무릎을 굽히고 앉아 두 손을 가지런히 양 무릎에 놓고, 척추가 길게 뻗어 간다고 느낀다.

02 숨을 들이마시며 두 팔을 벌렸다가 뒤로 젖혀 두 손을 깍지를 낀다. 숨을 내쉬며 뒤에서 손을 꽉 쥔다.

03 엉덩이를 뒤로 빼고 가슴을 앞으로 팽창시키고
숨을 마시면서 턱을 위로 치켜든다.

04 숨을 다시 내쉬며 몸을 앞으로 숙인다. 이때
팔이 뒤로 올라감에 따라 머리는 숙여지고
몸은 앞으로 떨어지게 한다.

치유효과

1. 오십견통, 손저림, 목디스크
2. 허리의 유연성 회복
3. 두통, 기억감퇴
4. 눈과 코의 이상, 이명, 난청
5. 고혈압, 중풍, 호흡이상, 목 디스크

05 숨을 들이마시며 몸을 일으켜 세우고 꽉 쥐
었던 손을 풀고, 처음 자세로 돌아간다.

29. 뒤로 젖히기

주의 얼굴을 나에게서 언제까지 숨기 시겠나이까. (시편 13:1)

이 자세는 요추와 척추 하부에 활력을 주고 가슴과 폐를 확장시켜 후두, 치골에 혈액순환을 돕는다. 이로써 내분비선, 비뇨기관, 생식선에 생기를 북돋는다.

의식의 집중

목 중심부위, 호흡, 등과 허리의 자극되는 부분 〈비슈다 차크라〉

자세 실천 >>

01 무릎을 꿇고 앉는다.
손끝이 앞쪽으로 향하게 한 후
양 손바닥을 뒤쪽 바닥에 고정시킨다.

치유효과

1. 목, 어깨, 등, 골반의 피로회복
2. 위장질환, 당뇨병
3. 갑상선, 부갑상선, 생식선 질환
4. 복부와 넓적다리비만

02 엉덩이를 뒤로 빼며 허리의 곡선을
그려 가슴을 확장시키고, 턱을 위로
치켜 젖힌다.
수행정도에 따라 1분 이상 유지하다
원래의 자세로 돌아온다.

30. 균형자세

나의 영혼이 눌림을 인하여 녹사오니 주의 말씀대로 나를 세우소서.

(시편119:28)

이 자세는 손목과 팔과 어깨를 강하게 해주며, 집중력을 증가시키고 가슴을 팽창시켜 호흡량(폐활량)을 증대시킨다.

의식의 집중

코끝, 균형유지 〈스와디스타나 차크라〉 **BA**

자세실천 > >

01 쪼그리고 앉아 두 손을 어깨넓이만큼 벌려 바닥을 짚는다. 팔꿈치를 약간 구부려 무릎을 올려놓을 수 있도록 만든다. 바닥의 한 지점을 응시하며 숨을 들이쉬다가 멈춘 상태로 체중을 팔로 옮기면서 바닥에서 발을 천천히 뗀다.

치유효과

1. 처진 복부근육
2. 집중력, 자신감, 수줍음
3. 손과 팔 관절경직, 허약한 팔
4. 폐활량 증대

02 숨을 내쉬고 3~4회 심호흡을 하면서 자세를 유지한다.

31. 야자나무자세

내가 주의 성소를 향하여 나의 손을 들고 주께 부르짖을 때에 나의 간구하는
소리를 들으소서.

(시편 28:2)

이 자세는 기혈순환을 촉진하여 감각적인 몸만들기를 돕는다.

● **지침**

🦶 위로 뻗은 손
끝은 하늘에 기운
을, 아래로 뻗은
손은 땅에 기운을
느껴본다.

의식의 집중

팽창되어지는 손끝부터 발끝까지 하늘의 기운과 땅의 기운을 느낀다.

〈스와디스타나 차크라〉 **BA**

자세실천 > >

치유효과

1. 기혈순환 활성화
2. 감각 일깨우기
3. 가슴 확장 및 호흡완화

01 체중을 똑같이 하여 어깨 넓이로 선다.
숨을 들이마시고 몸 앞으로 오른팔을 쭉 펴서
하늘을 향해 올리고 왼팔은 아래로 하여,
발뒤꿈치를 들어 몸 전체를 위로 쭉 편다.
잠깐 멈췄다가 숨을 내쉬며 앞으로 팔을 내린
후, 반대편도 실천한다.

02 다시 하늘을 향해 두 팔을 앞으로 하여 위로
뻗는다. 발뒤꿈치가 들린 상태에서 잠시 머물다가
양쪽 옆으로 서서히 내린다. 이때 몸 전체가
팽창되는 감각을 놓치지 않으며 실천한다.

32. 서서 측면기울기

● 지침

🍃 몸을 기울일
때 항상 몸은 꼿
꼿하게 유지한다.

여호와여 주의 오른손이 권능으로 영광을 나타내시니이다.(출애굽기 15:6)

의식의 집중

허리, 팔, 옆구리 〈마니푸라 차크라〉 **RA**

자세실천 〉 〉

01 발을 어깨넓이로 벌려 똑바로 선다.

02 숨을 들이마시며 공중에 마치 반원을
그리듯이 오른쪽 팔을 바깥쪽으로
펴면서 머리 위로 올린다.

03 오른쪽 손이 바로 머리 위에 있게 되면, 숨을 내쉬며 몸을 왼쪽으로 기울인다. 이때 왼쪽 손은 왼쪽 다리를 따라 미끄러지듯 내려가고 오른쪽 손은 쭉 펴서 왼쪽을 향해 뻗는다. 다시 숨을 들이마시며 공중에 반원을 반대로 그리면서 원래의 위치로 돌아온다. 숨을 내쉬며 오른손을 내려놓는다. 반대편에도 이 동작을 취한후 다시 반복한다.

 치유효과

1. 전굴과 후굴의 불균형 완화　　2. 허리, 팔, 복부 지방감소　　3. 옆구리, 가슴의 측면근육 확장

4. 호흡능력증대　　5. 좌골신경통　　6. 척추염, 관절염　　7.위, 장, 호흡기질환

33. 서서 허리틀기

오직 여호와를 앙망하는 자는 새힘을 얻으리니.(이사야 40:31)

의식의 집중
허리, 목 〈마니푸라 차크라〉 RA

자세 실천 >>

01 발을 어깨넓이로 벌린 상태에서 땅에 단단히 대고 선다. 척추가 하늘을 향해 끌어 당겨진 다고 느낀다.

02 먼저 한쪽에서 다른 쪽으로 몸통과 함께 팔을 회전시킨다. 팔을 축 늘어지게 한 상태로 자세를 취하며 시선은 반대쪽 발뒤꿈치를 바라본다.
이 동작은 이완된 상태에서 한다. 2회 이상 반복한다.

치유효과

1. 허리의 유연성회복
2. 목의 경직 완화

34. 산자세

여호와께서 집을 세우지 아니하시면 세우는 자의 수고가 헛되며 여호와께서 성을 지키지 아니하시면 파수꾼의 경성함이 허사로다.

(시편 127:1)

● **지침**

🕊 가능한 발과 무릎을 맞닿게 한다.

이 자세의 제목에서 알 수 있는 바, 몸은 산과같이 고요하다는 뜻으로 산처럼 곧바로 서 있는 자세를 말한다

의식의 집중

신체의 팽창, 호흡 〈물라다라 차크라〉 LA

자세실천 >>

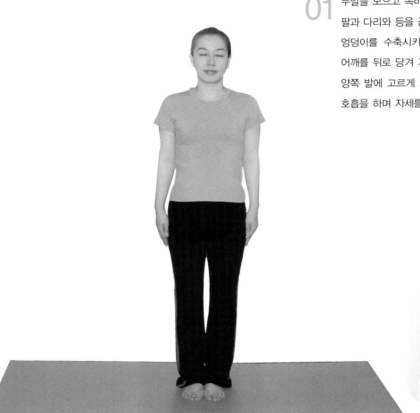

01 두발을 모으고 똑바로 선다.
팔과 다리와 등을 곧게 유지한다.
엉덩이를 수축시키고 복부는 안으로 당기며
어깨를 뒤로 당겨 가슴을 활짝 편다.
양쪽 발에 고르게 체중을 유지하고 편안하게
호흡을 하며 자세를 유지한다.

치유효과

1. 복부기관을 정화
2. 어깨와 가슴확장
3. 복부와 넓적다리의 비만
4. 처진 엉덩이를 올려줌
5. 몸과 마음에 경쾌함을 줌
6. 좁은 가슴과 다리의 허약함
7. 잘못선 자세와 걸음걸이
8. 척추의 결함이나 기형

35. 서서 앞으로 숙이기

주는 심히 광대하시며 존귀와 권위를 입으셨나이다. (시편 104:1)

이 자세는 유연한 허리를 만들기 위한 척추강화자세이다. 내장기능을 활성화시켜 흥분을 가라앉히고 집중력과 마음의 안정과 평온을 가져온다.

의식의 집중

호흡, 등과 척추, 목, 팔의 이완 〈스와디스타나 차크라〉 **BA**

자세실천 > >

01 〈산자세〉에서 두발을 약간 떼고 바로 선다.

02 숨을 들이마시며 손바닥을 아래로 향하게 하여 앞으로 뻗었다가, 머리 위로 올려 하늘의 기운을 느낀다.

03 숨을 내쉬며 엉덩이를 뒤로 빼고 팔을 앞으로 뻗어 몸을
숙인다. 상체와 팔의 수평을 이뤄 반 호흡 정도 멈춘다.
남은 호흡을 내쉬며 머리를 떨어뜨리고, 척추를 이완하면
서 등을 아래로 구부린다.
이때 팔은 자연스럽게 매달리게 한다.
호흡은 정상적으로 자연스럽게 하며 몇 초간 유지한다.

04 숨을 들이마시며 복부 근육을 수축시키고 일어선다. 척추를
실에 매달린 구슬이라고 상상한다. 원래의 〈산자세〉로 돌아갈
때까지 각각의 등뼈가 제자리를 찾아 들어간다고 상상하자.
일어나서는 머리는 하늘로 뻗고, 팔은 느슨하게 달려있음을
느끼며 마음에 평온함을 체험한다.

 치유효과

1. 목과 머리의 혈액순환   2. 생식선 강화   3. 골반관절과 어깨관절 이완

4. 넓적다리와 종아리 비만 및 강화   5. 위장병, 간, 비장, 쓸개, 췌장, 신장

6. 뇌하수체, 갑상선, 부갑상선 기능장애   7. 현기증, 저혈압   8. 방광, 월경통, 자궁, 전립선 질환

9. 불면증, 집중력, 우울증   10. 육체적, 정신적 피로와 스트레스, 노이로제

36. 서서 뒤로젖히기

내게 무슨 악한 행위가 있나 보시고 나를 영원한 길로 인도하소서.

(시편139:24)

● **지침**

목에 이상이 있으면 목이 뒤로 완전히 빠지지 않도록 주의한다.

이 자세는 척추, 다리근육, 모든 고관절, 후두, 가슴, 폐, 복부, 골반기관 강화하여 체력증진과 원기를 회복시킨다.

의식의 집중

신체의 앞가슴 중심부위, 〈아나하타 차크라〉

자세실천 > >

01 어깨넓이로 서있는 상태에서 두 손을 엉덩이에 댄다. 숨을 들이쉬면서 상체를 서서히 뒤로 젖혀 머리와 목이 뒤로 가게 한다. 자연스러운 호흡을 유지하며, 동작이 힘들거나 부담스러워지면 원래의 자세로 돌아와 두 손을 내린다.

치유효과

1. 목, 어깨, 등의 경직 완화
2. 갑상선 활성화
3. 엉덩이, 허리, 넓적다리 비만
4. 천식, 기관지염
5. 소화기관, 골반기관의 질환
6. 관절염, 팔 다리의 허약함

37. 태양예배자세

● 지침

지구상에 존재하면서 살아가는 모든 동식물은 태양 에너지의 영향을 받지 않으면 살아남기 힘들다. 하루 중 바쁜 일과로 인하여 요가수행시간을 따로 할 수 없다면 본 자세라도 아침마다 실천하자. 초보자는 3짝으로 시작하여 12짝까지 늘려 나가면서 몸의 유연성을 회복하자.

해로 낮을 주관케 하신이에게 감사하라 그 인자하심이 영원함이로다.

(시편 136:8)

지금까지의 기초적인 자세들은 태양예배자세(Surya Namaskara)라고 흔히 알려진 일련의 동작을 준비하기 위한 과정으로 볼 수 있다. 이 자세는 1년 12달을 참고하여 12자세로 구성되어 있다. 6자세는 아래쪽으로 6자세는 위로 일어나는 자세들로 꾸며졌으며, 초보자들은 오른쪽-왼쪽 자세로 한 짝을 이뤄 3짝으로 시작해서 12짝까지 늘려나가며 실천한다.

전통적으로 태양예배자세는 새벽에 새로운 날이 시작되는 것을 감사하면서 하루를 맞이하는 것에서부터 시작되었다. 그러나 그리스도인의 기도의 울타리 안에서도 얼마든지 가능하다. 연속되는 이 동작에 주기도문(Lord's Prayer)을 접목하여 실천한다.

자 세 실 천 〉〉

－ 하늘에 계신 우리 아버지여

01 바른 자세로 서서 기도하는 자세로 손을 가슴에 모은다.

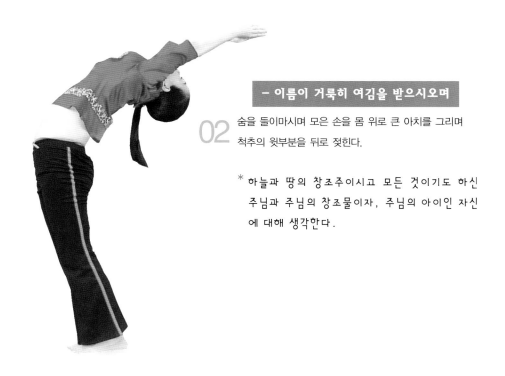

– 이름이 거룩히 여김을 받으시오며

02 숨을 들이마시며 모은 손을 몸 위로 큰 아치를 그리며
척추의 윗부분을 뒤로 젖힌다.

* 하늘과 땅의 창조주이시고 모든 것이기도 하신
주님과 주님의 창조물이자, 주님의 아이인 자신
에 대해 생각한다.

– 나라이 임하옵시며

03 이제 숨을 내쉬며 아치 모양을 반대로, 몸을 앞으로
숙이며 머리와 팔을 느슨하게 떨어뜨리고 땅을 향해
아래쪽으로 이완시킨다.

* 이것은 우리가 경배하는 그 분께 경의를 표하는
일이다.

– 뜻이 하늘에서 이룬 것같이

04 오른쪽 무릎을 세우고, 양손을 오른발 옆에 놓고 숨을 들이마신 후,
단거리 선수가 출발선에서 막 뛰려는 것처럼 왼쪽 다리를 뒤로 쭉 편다.

* 이렇게 활동적인 동작은 주님의 나라에 대한 미래의 준비를 뜻한다.

– 땅에서도 이루어지이다

05 숨을 내쉬며 오른쪽 다리를 왼쪽 다리처럼 뒤로 가져가고 손을 약간 뒤로 밀어서,
몸의 모양이 역(逆)V가 되게 한다. 체중은 다리와 팔에 분산시킨다.

* 이 자세는 마치 다리와 같은데, 우리는 주님의 의지와 이 땅에서
이루어진 것 사이에 놓인 다리이기도 하다.

06 무릎을 땅으로 밀착시키고 숨을 멈추어 바닥에 댄 손등 위에 가슴을 대고 척추는 커브를 만들듯이 구부리면서 다음 동작으로 부드럽게 넘어간다.

* 생명을 주관하시는 하나님을 의지하는 삶의 자세를 표현한 자세이다. 땅에 무릎이 닿아야 동작을 안정적으로 연결할 수 있다.

07 손바닥을 바닥에 대고 숨을 들이마시며, 머리와 상체를 들여 올려서 하늘을 본다.

* 이것은 우리의 생명의 근원과 궁극적으로 생명에 필요한 것들을 기억하며 겸손을 표현하는 동작이다.

08 다시 두 손을 바닥에 대고 골반을 들어 올리고 팔과 무릎을 뻗어
　 다리자세를 취한다.

　　* 이 자세는 회개하는 모습이자, 주님의 용서와 우리가
　　　다른 이를 용서하는 것 사이의 연결고리를 만드는 일이다.

09 숨을 들이마시며 다시 '단거리 달리기 선수 자세'에 이를 때까지
　 왼쪽 발을 앞으로 가져온다.

　　* 구세주이시자 구원자인 주님을 생각하면서 위를 본다.

10 숨을 내쉬며 왼쪽 발과 만나기 위해 오른쪽 발을 앞으로 모으며 고개를 숙인다.

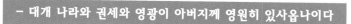

- 대개 나라와 권세와 영광이 아버지께 영원히 있사옵나이다

11 손을 모아 숨을 들이마시며 팔을 앞으로 쭉 폈다가 머리 위로 올려 뒤로 젖힌다.

* 주님의 영광에 대해 명상하면서 동작이 길게 뻗어 나감을 느껴본다.

12 숨을 내쉬고 몸을 똑바로 한다. 손을 가슴 높이 정도가 될 때까지 앞으로 가져와서, 기도하는 자세로 손바닥을 마주 댄다.

* 몸의 자세를 확인하자.
   체중이 땅 위 중심에 있듯이 바로 나 자신이 주님의 중심에 있다.

치유효과

〈태양예배자세〉는 인체의 모든 중요한 근육들을 펴 주고 강화시켜준다. 산소 흡입량을 늘려, 산소의 흐름을 원활하게 하며 호흡계를 자극하여 혈액의 흐름을 증가시켜, 몸 전체에 따뜻한 기운과 에너지가 더욱 많이 전달되도록 한다. 이 자세을 통해 부드럽게 신경을 마사지함으로써 몸이 이완되며, 감각이 더욱 명민해지고 집중력이 향상된다.

38. 이완

의 식 의 집 중

호흡시 의식되는 복부 〈스와디스타나 차크라〉

이로써 요가 아사나 동작이 모두 끝났다.

냉기가 없는 바닥에 양팔을 몸 옆에 가지런히 붙이고 편안하게 눕는다. 눈을 지그시 감고 바닥에 의해 지탱된 자신의 몸을 느껴본다. 그리고 천천히 규칙적으로 심호흡을 시작한다.

몸이 무거워짐을 느끼면서 바닥이 몸을 지탱하고 있다고 생각한다. 호흡에는 계속 신경을 쓰며 숨을 들이쉬고 내쉬면서 호흡을 의식적으로 복부에 집중시킨다. 아사나 실천 후 10분 정도의 이완은 필수적으로 실천되어져야 한다.

다음의 제5장 〈이완과 명상기도〉편을 참고 바란다.

자세실천 > >

39.명상

나의 길과 눕는 것을 감찰하시며 나의 모든 행위를 익히 아시오니.

(시편139:3)

의식의 집중

호흡, 척추 〈아나하타 차크라〉 YA

● 지침

　명상자세와 단계적인 집중은 4장 〈앉는명상자세익히기(p.81)〉를 참고 바란다.

　본래 이완과 명상은 같은 맥락으로 연결된다. 조용히 첫 자세 〈책상다리자세〉를 하고 앉는다. 눈을 감고 침묵 속에 나타난 영감과 자신의 생각을 표현할 수 있다. 그 어느 것도 성경도, 설교도 없는 상태에서 찬송과 기도로 나타나는 이러한 개개인의 다양한 표현들은 참된 영성을 계발할 수 있는 좋은 방법이다.

　이러한 성경적 묵상은 하나님의 말씀이 의식 안에서 각인되고 명료화되는 과정이다. 수행이 끝나면 수행 중에 발생한 자극으로 인해 생긴 노폐물을 씻어낸다는 의미로 생수 한 잔을 마시도록 하자.

　이제, 새롭게 태어난 우리 주 그리스도의 생명이 우리 안에 함께 한다는 사랑의 공동체 의식으로 하나가 된다.

자 세 실 천 > >

5장. 이완과 명상기도

5장. 이완과 명상기도

*내가 평안히 눕고 자기도 하리니 나를 안전히
거하게 하시는 이는 오직 여호와시니이다.* (시편 4:8)

 이완

이완은 그 자체가 기도의 한 형태이다.

우리가 의지할 만한 주님께 모든 것을 맡기고 있음을 인정한다는 믿음을 나타낸다. 신체적인 이완을 통해 항상 통제되어야만 한다는 강박관념에서 벗어나 영적이고 심리적인 이완을 배울 수 있다. 우리가 근육의 긴장을 없애면, 영혼에서 근심도 없앨 수 있다. 이와 같이 이완은 운동학적으로 신의 계획, 신의 에너지, 신의 기쁨의 일부가 되고자 하는 염원을 표현한다.

이완은 균형을 개발시켜주는 훌륭한 기술이다.

이러한 이완법을 통하여 우리는 환경과 느낌(감각)과 몸과 마음의 통합적인 즐거움을 느끼게 된다. 이처럼 몸과 마음을 활짝 열어 모든 존재와 만나게 되면 새로운 길을 발견할 수 있다.

인간은 깊은 이완을 통해 생활의 전반적인 경험을 완전히 체득하게 된다. 몸 전체가 재충전되면 마치 순수한 에너지에 의하여 깨끗하게 몸이 씻겨지는 듯한 느낌이 들 것이다.

몸과 마음은 생명력을 갖게 되며 모든 감각도 좋아져서 감각이나 생각들도 더욱 생생하게 스며들게 된다. 이완의 특성은 걷거나 밥을 먹을 때도 유지가 되며, 어려운 일에도 유연하게 대처할 수 있는 넉넉한 내면을 발전시켜 그야말로 일상생활은 평화롭고 건강하고 균형된 삶이 된다.

내면적인 통합과 세상과의 조화로운 관계는 우리 자신의 내면의 느낌과 감각에 의해 좌우된다. 깊은 느낌에 의하여 몸과 마음을 치료할 수 있으며 힘을 키울 수가 있다. 그리고 에너지의 흐름을 확장시켜 우주적인 힘과 연결시킬 수가 있다.

이완을 통하여 우리는 느낌을 축적시키고 확대시켜 깊은 자각(自覺)으로 천천히 자신을 일깨워 간다. 에너지의 심층부분을 통과하여 우리 몸의 내면을 가꾸어 가며 최종적으로 그 이상의 느낌을 맛볼 수가 있다. 이러한 에너지는 내적으로 감응하여 유지시켜 주고 우리의 생활을 윤택하고 풍요롭고 강하게 만들어 준다. 그리하여 마음은 점차 맑고 순수한 균형을 얻게 된다.

우리의 감각과 느낌과 생각은 모두 하나로 연결된다. 모든 한계나 행위나 이상(理想)은 조화롭게 유지되고, 자각은 우리의 생활에 자유를 주고 지혜로운 대처능력뿐만 아니라 확신감마저 불어 넣어준다.

우리는 자연스럽게 주변에 일어나는 여러 환경 속에서 세상을 좀 더 긍정적으로 바라보게 된다. 또한 행동이나 사상은 안정된 결과를 가져다주어 우리 주위의 세계를 조화로운 흐름으로 이끌어 준다.

우리가 세상의 아름다움을 감지할 때 우주와의 자연적인 삶을 조화롭게 살 수가 있으며 마치 어미 소와 송아지의 관계처럼 양쪽 모두 즐거운 것이다. 그러나 어쨌든 이러한 존재로부터 언젠가는 멀어지게 된다.

아주 어린 시절 우리의 감각은 더 많이 열려있어 우주의 통일적인 감각까지 체험했다. 그러나 성장하면 할수록 우리의 인간성은 더욱더 자신의 욕망과 안전에 대한 느낌이 강해지면서 점점 더 탁해져만 간다. 더구나 복잡해져 가고 긴장과 압박을 주는 현대 사회는 더 심한 편이다. 사업 성공을 위해서 술좌석을 만들어야 하고 접대를 위해 노름을 하는 등 거의 모든 힘을 경쟁에 쏟으며 스트레스를 만들며 살아간다. 그렇기 때문에 우리의 몸과 마음은 긴장의 연속이다.

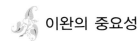 이완의 중요성

이완은 자신의 건강을 위해서 무엇보다도 중요하다.

누구나 자신의 몸이 몹시 긴장되어 있거나 부상을 당했다면, 신체 기능이 정상적으로 유지되지 않고 있음을 느낄 수 있을 것이다.

스트레스로 가득 찬 현대 생활을 영위해 나가려면 무엇보다도 신체적 이완이 필요하다. 스트레스는 우리들로부터 신체적 리듬을 빼앗아간다. 본서에 있는 요가자세 하나를 깊이 집중하며 행하게 될 때 당신은 스트레스의 심각성을 다시 한 번 실감하게 될 것이다.

우리가 스트레스로부터 해방되기 위해서는 단 5~10분 정도라 할지라도 정신적, 육체적 긴장을 풀고 이완시키는 시간을 가지는 것이 반드시 필요하다. 물론 마음가짐도 편안히 해야 한다.

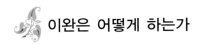 **이완은 어떻게 하는가**

그리스도 요가의 한 부분으로 생략할 수 없는 것이 바로 아사나(실천) 뒤에 하는 점진적인 이완의 시간이다. 이완을 준비하기 위해서는 스웨터와 같은 따뜻한 옷을 입거나 담요로 몸을 덮어서, 몸의 신진대사가 늦어지는 것에 대비한다. 또한 요가수행이 끝난 후는 물론이거니와 평상시라 할지라도 신발과 양말을 벗어 던지고 몸의 동작이나 호흡에 영향을 주는 벨트, 넥타이, 꼭 끼는 단추, 그 외의 여러 가지 방해가 되는 것들을 모두 제거한다.

바닥에 누워 양팔을 몸 옆으로 가지런히 한 다음 손바닥이 위로 향하게 내려놓고 다리를 쭉 뻗는다. 그런 다음 안락하게 느낄 만한 시간적 여유를 갖고 눈을 지그시 감는다. 이제 바닥에 의해 지탱된 자신의 몸을 느껴본다. 그리고 천천히 규칙적으로 심호흡을 시작한다.

몸이 무거워짐을 느끼면서 바닥이 몸을 지탱하고 있다고 생각한다. 호흡에는 계속 신경을 쓰도록 하며 콧구멍으로 숨을 들이마시고 내보내면서 의식적으로 호흡을 복부 주위에 집중시킨다.

이제, 그럼 본격적으로 수련을 쌓아 나가도록 한다. 몸의 각 부분을 차례차례 긴장시켰다가 이완시켜 보기로 하자. 발부터 시작한다.

양발을 바닥으로부터 살짝 들어 올린 다음 팽팽하게 긴장시킨다. 얼마동안 그 자세를 유지한 다음 천천히 긴장을 풀고 바닥에 발을 내려놓는다. 엉덩이, 가슴, 목, 손, 팔도 마찬가지로 이완시킨다.

어깨를 귀 주위까지 치켜들고 멈췄다가 내리면서 자세를 이완시킨다. 그리고 얼굴을 쥐어짜듯이 찌그렸다가 코 주위의 한 점으로 의식을 집중시킨다. 잠시 동안 그러한 긴장 상태를 유지한 다음 서서히 이완시킨다.

아주 천천히 호흡을 시작한다. 숨을 들이마시고 내쉴 때 몸을 부드럽게 이완시키고 바닥으로 서서히 녹아 들어간다고 상상한다. 이때 긴장되어 있는 신체부위가 있는지 다시 확인하고, 만약 있다면 긴장을 풀어서 이완시킨다. 신체의 내장부와 정신도 이완된다고 생각한다. 또한 이완시키고자 하는 부위에 조용히 메시지를 보내서 긴장을 풀어도 된다.

이완 시 마음의 눈을 통하여 실제 자신이 보트를 타고 있다는 것을 상상한다. 부드럽게 일렁이는 보트의 율동과 같은 움직임을 느껴본다. 물결이 보트에 철썩대며 부딪치는 소리도 듣는다. 그리고 몸에 와 닿는 햇살의 따사로움을 만끽한다. 이제 계속되는 이완의 끝부분에서 눈을 뜬다. 점진적으로 의식을 현실로 되돌린 다음, 조금 더 누워 있다가 서서히 일어난다. 마지막으로 호흡에 신경을 쓴다. 콧구멍으로 숨이 들어가고 나오는 것을 의식한다.

숨을 쉴 때마다 자신이 조용히 반복하고 싶은 단어나 구절을 말해도 좋다. 성경에서 자신이 가장 좋아하는 구절을 찾아도 좋을 것이다.

 ## 건강한 삶과 내면의 자각

"돈을 잃는 것은 조금 잃는 것이요, 명예를 잃는 것은 많이 잃는 것이요, 건강을 잃는 것은 모두 잃는 것이다."라는 말이 있듯이 건강은 우리의 인생에 있어서 그 무엇보다도 중요하다. 또한 웰빙 시대를 맞이하고 있는 오늘날처럼 많은 사람들이 건강에 대해서 지나치게 신경을 썼던 시대도 없다.

우리들 모두는 자신 나름대로 여가를 즐길 줄 알며 우리 몸을 편안히 쉬게 할 줄도 알지만 스스로 자신의 내면에 대하여 관심을 쏟는 시간은 극히 짧은 순간에 지나지 않는다. 또한 자신의 육체를 포장하는 외모에 대해서 만큼은 많은 관심을 가지며 생활하고 있지만, 내면적인 심성에 대한 관리는 지나칠 만큼 무지하다. 그러므로 우리는 자신의 보다 감각적이고 건강한 삶을 위하여 더욱 자신의 몸에 대해 깊은 이해를 해야만 한다.

우리의 육체는 결코 독립적으로 존재할 수 없으며 언제나 정신과 결부된 상태로 존재한다. 정신이 깃들지 않은 육체는 상상할 수조차 없으며 육체가 없이는 정신이 홀로 존재하지 못한다. 그러므로 우리의 육체에 대한 자각은 필연적이라고 할수가 있다.

그런데 오늘날은 어떠한가?

바쁜 현대 생활은 우리들로 하여금 자신의 육체에 대해 충분한 관심을 쏟도록 허락하지 않는다. 따라서 대부분의 현대인들은 자신의 육체에 대한 자각능력이 점차 퇴화되어 가고 있으며 그 위험수위는 점차 높아만 간다.

우리가 진정으로 자신의 육체에 대해 자각하게 될 때 우리는 비로소 참된 의미의 자아를 완성할 수 있으며 완전한 하나의 인간으로서 존재할 수 있다.

우리들의 육체와 정신은 자유롭고 자발적이며, 갖가지 예민한 감각들로 가득 차 있다. 따라서 개개인의 노력여부에 따라서 얼마든지 감각적인 삶을 누릴 수가 있는 것이다.

자각되어지는 것들

　우리가 자신의 육체를 완전히 이해하고 자기 자신에 몰입될 수 있다면 사고와 감정, 그리고 행동사이에 전혀 거리감이 있을 수 없다. 우리들 자신이 몸과 마음을 일치시켜 조화를 이룰 수 있으면, 대화를 할 때 자신감이 넘치게 될 것이며 목소리와 자세, 얼굴표정 등 모든 것들이 자신의 표현을 증폭시키고 빛나게 하여 주변 사람들에게 매력적인 존재로 보여질 것이다.

　자신의 존재는 자신의 행동이나 태도에 의하여 남들에게 인식되어지게 마련이다. 예를 들어 〈짖으면서 달려가는 개〉를 생각해 보자. 그 짖으면서 꼬리를 흔들고 달려가는 행위 자체가 너무나 조화된 것임은 물론 개의 흥분과 기쁨을 그대로 나타내고 있다. 또 어린아이가 놀이에 열중하고 있는 모습을 지켜보자. 아이에게는 놀이 외에는 아무 것도 관심의 대상이 되지 않는다. 이런 통합성 내지는 몰입성이 우리 인간에게 필요한 것이다.

　우리는 말을 할 때 감정을 담지 않으면 제대로 의사를 표현할 수가 없다. 감정과 말이 조화를 이루어야만 그 어떠한 제 3의 것을 표현할 수 있다. 우리는 육체와 감정의 조화, 또는 통일을 통하여 자신이 더욱 완벽해지며, 자연스러운 삶을 영위할 수가 있다.

　육체적 자각을 증대시키고 감정과의 조화를 이룩하려고 하는 데 있어서 가장 필요로 하는 것은 변화를 추구하고자 하는 순수한 바람이다. 흔히 우리는 무의식적으로 변화를 원하면서도 변화에 역행하는 일들을 서슴없이 행한다. 우리들 자신에게 있어서 변화에 방해가 되는 것은 바로 이런 무의식적인 반대 행동들인 것이다. 우리들은 무엇이 우리들의 변화를 가로막고 있는지를 분명히 알 필요가 있다. 그런데 실상을 알고 보면 우리들 중 대다수는 변화를 두려워하거나 체념한 채 살아가는 경우가 많다.

　또한 자기 자신을 스스로 어떤 종류의 사람이라고 단정 짓는 경우가 대부분이다.

　예를 들면 자기 자신이 명석하여 좀처럼 사사로운 감정에 흔들리지 않는 냉정한 사람이지만 공동체 생활에서 협동심이 결여되어 있어서 자신감이 없는 사람도 있다. 이처럼 우리들 대부분은 자신의 살아가는 현실의 모습이 나름대로의 자기 이미지를 표현하며 살고 있다는 고정 관념에 빠져 있다.

　만약 우리가 그것들을 변화시키려고 한다면 우리는 고정 관념에서 탈피해야함은 물론 자기 자신을 더욱 잘 알기 위해 노력해야만 한다. 또한 무엇보다도 자기 자신에 대한 정직성과 자각성을 필요로 한다. 본서를 통해 수행을 통한 성과들은 자신이 얼마나 많은 것들을 얻게 될는지는 개인별로 수행태도에 따라 다르기 때문에 알 수 없는 일이다.

　그러나 자신이 어느 정도까지 자신의 감지 능력과 체험 속으로 몰입시킬 수 있느냐, 또 얼마나 심오하게 자신의 몸속에 깃들어 있는 자아와 육체가 조화를 이룰 수 있느냐가 반드시 직접적인 영향을 끼칠 것으로 믿는다.

 ## 육체적 자각능력 키우기

　육체적 자각능력을 키우기 위한 기초적인 원리들은 마음속 깊이 내면으로 의식을 집중함으로써 보다 성공적으로 삶의 목적을 달성할 수 있을 것이며, 자신감을 갖고 세상을 살 수 있게 될 것이다.

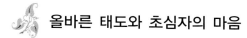# 올바른 태도와 초심자의 마음

　자신에 대한 올바른 태도를 기르는 일은 자각의 발달에 있어서 필수불가결한 요소이다. 수행 도중에 계속 자신에 대한 의심이나 비판에 사로잡히게 되면 자신의 경험 속에 잠재된 느낌의 발현을 막게 되는 결과를 가져온다.

　우리는 수행할 때 대부분의 시간을 정신집중을 하지 못하고 공상 등으로 시간을 소비해 버린다. 아니면 자의식에 매달려서 버둥거리거나, 때로는 자기가 하고 있는 일에 대해서 회의를 느끼는 경우마저 있다. 그런데 우리가 호흡과 명상, 요가를 실천할 때의 그 목적은 자기 내부로부터 넘쳐 오르는 내면의 소리가 전해주는 의미와 자각을 느끼는데 있다.

　만약 당신이 올바른 감정을 갖게 된다면, 또 몸속에서 흘러나오는 에너지의 의미를 깨닫게 된다면, 당신은 이제부터 훨씬 더 효과적으로 요가를 수행해 나갈 수 있게 될 것이며 얻는 것도 훨씬 많아질 것이다. 머릿속의 판단에 의하여 자신을 인도하는 것보다는 자신의 육체가 스스로 명령하는 대로 자연스럽게 따르는 것이 더 중요하다. 그리하면 내안의 성전과 주님과의 관계를 이해할 것이다.

　요가를 수행할 때마다 그것이 늘 처음인 것처럼 접근해야만 한다. 어떤 선입관이나 기대감 또는 목표를 갖지 말고 그저 개방적으로 자신을 맡겨 둔 채 무의식적으로 행한다. 어린애처럼 순수한 마음이 되는 것이다. 그 수행이 성취되거나 완결 지어져야 한다는 강박 관념은 일체 떨쳐 버린다.

　수행 중에 경험되어질 탐험이나 모험으로부터 자연스럽게 배워야 한다는 것을 명심한다. 순간의 정점에서 머물고, 자신의 경험이 신경 쓰지 않아도 곧 자신에게 필요한 것들을 가져다 준다는 것을 믿음을 바탕으로, 언제나 초심자의 마음으로 긍정적인 생활을 한다.

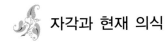# 자각과 현재 의식

　　우리가 생활 속에서 무뎌진 감각을 다시 불러일으키고 완전히 자신의 몸속으로 깃들게 하는 법을 배우고 싶다면 자각 또는 집중을 계속 이어 나갈 수 있는 능력을 개발할 필요가 있다. 또 우리는 자신의 몸속으로부터 전해져 오는 감각적 메시지에 반응하고, 그것을 알아차리기 위해 자신의 자각 능력을 기르는 훈련을 해야만 한다.

　　자각, 혹은 관조는 이성보다 더 높은 관점과 전망을 가지고 있다. 그것은 이성적인 마음이 서서히 가라앉을 때 자신의 마음과 육체에서 서서히 떠오른다. 이성적인 마음을 가라앉게 하려면 그냥 무심코 자신의 사고를 관조하는 일이 필요하다. 결코 이성적인 마음을 따라가서는 안 된다.

　　만일 이성적인 마음을 따라간다면, 당신은 결코 수행 목적을 달성하기 위한 정신 집중에 성공할 수 없을 것이다.

　　당신은 단순히 그것을 관조하여야만 한다. 그냥 지나가도록 내버려 두어야만 한다. 마치 당신이 푸른 하늘을 가로질러 두둥실 떠가는 흰 구름을 바라보고 있다가 그것이 곧 멀리 사라지더라도 전혀 마음에 개의치 않는 것처럼 말이다.

　　이성적인 마음에 대한 집착을 더욱 적게 가질수록 당신은 비로소 몸속의 수많은 감각들과 접촉하여 더 많은 자각의 열매를 얻을 수 있다. 그리고 교묘한 감각의 메시지에 집중하는 방법을 더욱 더 많이 배워 갈수록 더 익숙해질 것이다.

　　우리는 자신의 자각능력을 키우기 위한 훈련을 실행함으로써 일상생활의 새로운 요령을 터득하게 된다. 즉 올바르게 서고 올바르게 앉고 올바르게 움직이는 방법을 배워나가는 것이다. 뿐만 아니라 자신의 신체 부위 중 어느 부위가 가장 선명한 감각능력을 가지고 있는가, 또 어느 부위가 가장 무감각하게 절제된 부분인지도

역시 경험에 의해서 알 수가 있다.

이처럼 인간은 자신의 육체에 대해 진정한 주인이 될 수 있다. 누구나 자유롭게, 그리고 보다 감각적으로 자신의 몸을 해방시킬 수가 있다.

 ## 정서적 이완과 관조

본서의 기법들을 실천해 나감에 따라 독자들은 여러 가지 새로운 내면의 세계들을 경험하게 될 것이다. 그 모든 것들을 여러 해 동안 간직해 온 고통 혹은 기쁨의 감정, 그리고 외로움, 슬픔, 즐거움, 분노, 공포의 감정들을 조용히 관조함으로써 가능해진다.

자신의 내부에서 작용하는 감정의 극단성이나 돌발성에 의해 종종 놀라게 될 수도 있다. 수행을 행함으로써 이전에는 없었던 문제들이 발생하게 될 것이며, 심지어 그 까닭조차 알 수 없게 되는지도 모른다. 사실 그것들은 단순히 억압되고 불안정한 감정의 표출에 지나지 않으며, 지금까지 긴장의 형태로 당신의 내부에 갇혀 있었던 것뿐이다. 그것들이 자연스럽게 표면으로 표출되어 나타나는 것뿐이다.

그러므로 당신은 이러한 감각들을 아마도 환영하게 될 것이다. 왜냐하면 그것은 왕성한 에너지가 자신의 내부에 잠재해 있다는 표시이며, 그 체험들이야말로 진정 당신의 것이기 때문이다. 이제 더 이상 그 체험들을 강제로 억누를 필요가 없다.

더욱 더 감각적인 사람이 되고자 자신의 자각능력을 증대시킴에 따라, 기쁨과 고통에 찬 느낌 양쪽 모두를 유연하게 컨트롤하고 지배할 수 있는 능력은 자연히 갖추어 지기 마련이다.

슬픔, 외로움, 고통 따위는 인간에게 있어서 아주 자연스러운 현상이다. 만약 자신에 대해 자신감이 확고하고, 잘 훈련되어 있다면 내부의 그 어떤 감정이나 감각과도 접촉하여 잘 관용하고 다스릴 수가 있다. 그러기 위해서는 무엇보다도 관조와 순응이 필요할 것이다. 눈물이 흐르면 참지 말고 그대로 내버려 두라. 자기 자신을 실컷 울도록 내버려 두고 관조하라.

우리는 자신의 감정에 대해 대항하거나 압박할 필요가 없다. 무엇보다도 중요한 것은 자연스럽게 내버려 둔 채 관조할 수 있는 여유와 침착성이다. 결국 이 모든 것들이 당신에게 플러스로 작용하게 될 것이다. 언제라도 내 스스로가 내 자신의 주인임을 잊어서는 안 된다.

이성적인 사고도 관능적인 감각도 모두가 내 자신을 윤택하게 만들어 준다. 그러므로 이러한 것들에 익숙해지고 친숙해지도록 노력해야만 한다. 간혹 장벽이 있더라도 당신은 그것을 충분히 뛰어넘을 수가 있다. 흔히 우리는 자기 마음의 평화를 위해서 남을 돕는다. 하지만 그것을 깨닫기까지는 수년이 소요되며 지나친 자만심은 쉽사리 없어지지 않는다.

 ## 몸과 정신의 통합, 명상

명상(Meditation)은 마음을 느긋하게 갖고 자신의 내면에 집중하는 것이다.

이러한 명상은 모든 두려움, 욕망, 갈망, 부정적인 감정이 사라지고 아름다운 것을 내면에 잠재워준다.

요가를 통해 신체를 집중시키고 이완시키는 방법과 마찬가지로, 명상 역시 정신을 집중시키고 이완시키는 방법이다. 어떤 종교적인 전통에서든지 명상으로 집중하는 목적은 온 관심을 신에게 모두 쏟기 위한 것이다. 따라서 명상도 기도의 한 형태라 볼 수 있다. 가장 깊은 곳에 있는 자아를 모두 드러내 신에게 주목시키는 것이다.

요가와 이완 그리고 명상은 역설이신 신, 바로 그 신을 찾아가는 여정 가운데 우리의 몸과 정신의 통합을 돕는다. 신은 바로 우리 안에 있으면서 무한하게 우리를 초월하는 존재이다. 우리가 자신의 몸과 정신의 신비를 조금씩 깨달아 감에 따라, 신의 역설과 신비에 나타난 사랑과 지혜를 알게된다.

이처럼 명상을 하면서 정신과 마음에 집중하는 것이 신의 신비와 우리 자신의 본질을 모두 찾아가는 수단이다.

명상(디야나)은 의식의 상태를 일컫는 것으로 그 상태를 설명하기는 어렵다. 인도의 현인들은 명상을 할 때의 마음 상태를 오일이 한 곳에서 다른 곳으로 아무런 장애물도 없이 흘러가는 상태에 비유한다. 즉 움직임은 있지만, 일반적으로 사람들의 마음을 복잡하게 하는 여러 생각이나 욕망 등 그 무엇의 방해도 받지 않는 의식의 자연스러운 흐름을 뜻한다.

명상이란 텅 빈 상태가 아니라, 마음의 근본이자 모든 존재의 바탕인 맑은 의식만으로 가득 차 있다. 마음이 고요해지면 내면에 있는 자아를 느낄 수 있으며, 그 동안 불필요하게 마음의 평화를 찾아 외적인 세계를 헤매었다는 것을 알게 된다. 마음이 고요해지면 또한 축복의 근원이라고 할 수 있는 예수 그리스도의 헌신적인 사랑을 볼 수 있게 된다.

우리는 의식적이든 무의식적이든 명상을 통하여 마음의 평화를 찾는다.

어떤 일에 완전히 몰두해 있을 때 느껴지는 만족감은 그 행위 자체에서 오는 것이 아니라, 걱정거리와 고민거리에 대한 망각으로부터 온다. 집중이 흐트러지면 다시 마음은 방황하고 과거에 대한 꿈과 미래에 대한 공상으로부터 에너지를 빼앗긴다. 보다 지속적인 마음의 평화를 얻기 위해서는 명상을 통하여 마음을 훈련시켜야 한다. 명상은 마음의 움직임을 관찰하게 한다.

마음이 하나로 모아지고 안정되어 생각의 흐름이 멈추게 되면 자신의 진정한 본성(本性)을 이해하게 되며 내면의 고요와 지혜를 발견하게 된다. 집중을 하는 동안에는 마음의 고삐를 꽉 잡고 있어야 하나 명상 중에는 더 이상 고삐 자체가 필요없다. 그 이유는 마음이 하나의 생각의 흐름에 머물러 있기 때문이다.

명상은 우리의 자각능력을 증진시켜 준다. 또 명상은 우리의 마음을 조용하고 통찰력 있게 열어 주며 정신적 육체적 긴장을 풀어준다.

최고의 명상을 위해서는 고요하고 안정된 장소가 필요하며 또한 명상의 결과에 대해 너무 집착하지 않는 것이 좋다.

명상에는 여러 가지 형태가 있다. 앉아서 행하는 것과 움직이면서 행하는 것, 또 세속적인 것과 영적인 것이 있다. 이외에도 촛대나 십자가, 혹은 아름다운 야외풍경이나 예배당, 그리스도 수난상이나 아름다운 꽃다발과 같이 어떤 사물을 머릿속에 그려보는 영상법을 선호해도 많은 도움이 된다. 어떤 방법이든지 모두 가능하므로 자신에게 가장 적합한 방법을 찾을 때까지 집중하여 여러 가지 방법을 모색하도록 한다. 이러한 집중의 노력은 그 자체가 목적이 아니라, 오직 신을 향한 그리스도인들의 열망의 수단이 된다.

명상은 어떤 특정한 믿음이나 신조가 없더라도 충분한 효과를 가져다주며 마음을 고요하게 침잠시키는 가장 대표적인 방법이다. 요가 아사나 및 이완을 한 후에는 늘 명상의 시간을 꼭 갖으시길 빌며 내면의 주님과 함께 심상한다.

성찰

    우리가 우리 자신을 진정으로 알게 될 때 비로소 우리는 진실과 만날 수 있고 주위의 세계를 참되게 경험할 수 있다. 일찍이 인간의 내면에는 우리 조상들의 에너지가 깃들어 있고 〈창세기〉편에서와 같이 하나님께서 천지를 창조하신 우리가 살고 있는 이 행성에서 태초의 생명이 잉태되었다.

    만약 인간이 자아에 관한 개념 즉 존재, 육체, 마음, 영혼 등의 총체로서의 자신을 깨닫지 못한다면 모든 자연의 합일을 깨닫지 못하게 된다.

    우리는 하나의 독립적이고 자유로운 인격체이다. 동시에 지구촌의 한 일원이며 별과 은하계의 모든 것들과 함께 전우주의 일원이기도 하다. 그런데 현대의 도시 생활은 우리에게서 자연을 빼앗아 갔다.

    그 결과 우리는 지구와 태양과 바람과 비의 촉감을 통한 자연의 교감을 잃고 자신으로부터 이탈된 감정을 느끼기 일쑤이다. 그리하여 우리들 중 극히 일부만이 우리가 얼마나 많은 것들을 잃고 살아가고 있는지를 알고 있을 뿐이다.

    자연과 멀어짐으로써 우리는 우리가 본래 가지고 있었던 초자연적인 능력들을 잃게 되었고, 또 자연으로부터의 소외감이 심화되었다. 우리는 이제 자연의 소리에 귀를 기울여야만 한다. 잃었던 본성을 되찾기 위해서 각성해야만 한다. 그리고 나아가 보다 큰 사랑을 실천해야만 한다.

    우리는 우리가 가지고 있는 자각능력을 발전시킴으로써 모든 생명체와 자연, 그리고 하나님의 목소리를 들을 수가 있다. 육체적 자각은 더욱 큰 행성의 자각을 이끌어 낼 수가 있다.

자세시연 : 백선혜

동국대학교 대학원 인도철학과 수료, 현)옴산티요가센터 원장, 현) 수원여대 미용예술과 요가교수

사)한국요가협회 전임강사 및 총무 역임, 대한생활요가협회 요가지도자 교육, 월간골프 골프&요가 연재

그리스도인을 위한 *NT* 요가

지은이 | 이의영
펴낸이 | 배기순
펴낸곳 | 하남출판사

초판1쇄 발행 | 2006년 10월 15일
등록번호 | 제10-0221호

서울시 종로구 관훈동 198-16 남도BD 302호
전화 (02)720-3211(代) | 팩스 (02)720-0312
홈페이지 http://www.hnp.co.kr
e-mail : hanamp@chol.com, hanam@hnp.co.kr

ⓒ 이의영, 2006

ISBN 89-7534-185-2(03690)

그리스도인을 위한 NT 요가

1. 삼위일체

2. 우주교감

3. 목이완

4. 어깨이완

13. 나비자세〈2〉

14. 기어가는자세

15. 코브라자세

16.태아자세

24. 쟁기자세

25. 물고기자세

26. 전굴자세

27. 팔뻗어올리

37.태양예배자세